掌尚文化

Culture is Future

尚文化·掌天下

"广西高等学校千名中青年骨干教师培育计划"人文社会科学类立项课题（第二期）"中国区域经济发展战略的演变（1949—2019年）"（2020QGRW033）。

THE EVOLUTION OF CHINA'S
REGIONAL ECONOMIC DEVELOPMENT STRATEGY
(1949—2019)

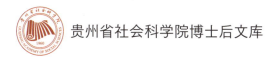
贵州省社会科学院博士后文库

中国区域经济
发展战略的演变

（1949—2019 年）

段　艳　著

经济管理出版社
ECONOMY & MANAGEMENT PUBLISHING HOUSE

图书在版编目（CIP）数据

中国区域经济发展战略的演变：1949-2019年/ 段艳著. —北京：经济管理出版社，2021.6（2025.6重印）

ISBN 978-7-5096-8064-3

Ⅰ.①中… Ⅱ.①段… Ⅲ.①区域经济发展—经济发展战略—研究—中国—1949-2019 Ⅳ.①F127

中国版本图书馆 CIP 数据核字（2021）第 110237 号

策划编辑：宋　娜
责任编辑：宋　娜　张鹤溶　李光萌
责任印制：黄章平
责任校对：陈　颖

出版发行：经济管理出版社
　　　　　（北京市海淀区北蜂窝 8 号中雅大厦 A 座 11 层　100038）
网址：www. E-mp. com. cn
电话：（010）51915602
印刷：唐山玺诚印务有限公司
经销：新华书店
开本：710mm×1000mm /16
印张：14
字数：214 千字
版次：2021 年 10 月第 1 版　2025 年 6 月第 2 次印刷
书号：ISBN 978-7-5096-8064-3
定价：98.00 元

摘　要

　　中华人民共和国成立以来，我国区域经济发展战略先后经历了平衡发展（1949—1978 年）、非均衡发展（1979—1990 年）、非均衡协调发展（1991—2005 年）和区域协调发展（2006—2019 年）四大阶段的演变过程。笔者采用经济学与经济史相结合的研究方法，深刻把握其来龙去脉，侧重对每个阶段出台不同的区域经济发展战略的历史背景、现实依据、任务目标以及战略提出与实施的偏差等问题展开深入分析，总结经验和教训，并提出实现区域协调发展的几点前瞻性思考。

　　本书的主要结论是：

　　中国区域经济发展战略不断完善，引领作用凸显。在未来一段时间内，我国区域政策的重心仍是进一步促进区域协调发展，为经济高质量发展奠定坚实基础。

　　随着特殊区域发展战略、"四大板块"战略、经济带发展战略、城市化战略、问题区域战略和陆海统筹战略的持续深入推进，中国区域经济空间结构正在进行深刻改变，高质量发展的区域经济布局逐渐明晰。

　　从政策尺度来看，区域经济呈现如下特征：第一，区域发展的相对差距进一步缩小，南北差距正在扩大；第二，区域协调发展的总领性作用开始逐步发挥；第三，区域经济动能转换推动区域经济转型升级；第四，区域经济制度改革创新与全面对外开放相结合。

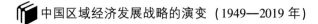

区域协调发展是国民经济发展的重要环节。着眼于经济社会的长远发展，需要按照创新、协调、绿色、开放、共享的新发展理念，实行针对性强的差别化政策，加快培育新增长动能，提高区域经济发展的协调性和协同性。

关键词：平衡发展；非均衡发展；非均衡协调发展；区域协调发展；新发展理念

Abstract

Since the founding of the People's Republic of China, China's regional economic development strategy has evolved through four stages: Balanced development (from 1949 to 1978), unbalanced development (from 1979 to 1990), unbalanced and coordinated development (from 1991 to 2005) and regional coordinated development (from 2006 to 2019) successively. The research method combining Economics and Economic History is adopted. The author has a deep grasp of the history of China's regional economic development strategy at various stages. Focusing on the analysis of the background, basis, target task and the deviation of strategy formulation and implementation in different stages of regional economic development strategy, the author summarizes the experience and lessons of China's regional economic development since the founding of the People's Republic of China, and puts forward some forward−looking thinking to achieve coordinated development among regions.

The main conclusion of this book can be summarized as follows:

China's regional economic development strategy continues to improve, leading role highlights. In the coming period, the focus of our regional policy is still to further promote regional coordinated development and lay a solid foundation for high−quality economic development.

With the continuous advancement of the special regional development strategy, the "four major plates" strategy, the economic belt development strategy, the urbanization strategy, the problem area strategy, the land and sea overall planning strategy and so on, the spatial structure of our country's economic development is undergoing profound changes, and the high quality regional economic layout is gradually becoming clear.

From the policy scale, the regional economy presents the following characteristics: First, the relative gap of regional development is further narrowed, and the gap between the north and the south is widening. Second, the overall role of regional coordinated development is beginning to play gradually. Third, the transformation of regional economic kinetic energy promotes regional economic transformation and upgrading. Fourth, the reform and innovation of regional economic system is combined with the overall opening to the outside world.

Regional coordinated development is an important link in the development of national economy. Focusing on the long-Term development of economy and society, we need to carry out targeted and differentiated policies in accordance with the new development concepts of innovation, coordination, green, openness and sharing, accelerate the cultivation of new growth momentum and improve the coordination and synergy of regional economic development.

Key Words: Balanced development; Unbalanced development; Unbalanced and coordinated development; Coordinated regional development; New development concept

目　录

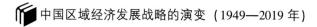

Contents

Contents 📖

第一章 引 言

第一节 选题背景及意义

区域经济发展战略是指对一定区域内经济、社会发展有关全局性、长远性、关键性的问题所做的筹划和决策。区域经济发展战略是一个国家实现经济社会发展必不可少的重要组成部分。中国作为发展中的大国，幅员辽阔，资源丰富，但各区域间的人口、资源等经济发展要素的分布十分不均衡，因而，采取何种适宜的区域经济发展战略对中国经济的增长至关重要。总结中华人民共和国成立以来区域经济布局的经验教训，有利于我们更清晰地把握区域经济发展的指导思想、所要达到的目标、所应解决的重点和所需经历的阶段以及必须采取的对策。

目前，中国经济的发展已经取得举世瞩目的成就，已经进入一个全新的时代。在这样一个承上启下的历史关节点上，对已经过去的历史进行反思与剖析，可以寻求到历史对今天和未来的训诫与启示，可以从更大的历史跨度上把握今天和未来的背景。

中国区域经济发展战略历经平衡发展到非均衡发展，再到非均衡协调发展，最后进入协调发展新阶段这三次较大转变。经济发展重心则先从沿海地区向内陆地区转移，后又从内陆地区转向沿海地区，最后实现东部、中部、西部和东北地区协调有序发展。中华人民共和国成立后的经济建设史，从某种程度上说就是在不同阶段选择均衡或非均衡的区域经济发展战略的历史，认识到均衡与非均衡这两种区域经济的发展战略，对现阶段的区域协调发展与区域经济增长是非常有益的。本书有利于深刻总结经济发展规律，为现阶段区域经济协调发展提供历史启迪。本书的研究成果有很强的现实指导意义和学术价值。

第二节　国内外研究现状

一、相关文献资料整理出版

1986 年，中国社会科学院工业经济研究所整理出版《十一届三中全会以来经济政策文献选编》。1982 年以来，中共中央文献研究室先后整理出版《三中全会以来重要文献选编》上下册（1982 年）、《十二大以来重要文献选编》上中下册（1988 年）、《十三大以来重要文献选编》上中下册（1991 年）、《建国以来重要文献选编》第一二三册（1992 年）、《十四大以来重要文献选编》上中下册（1996 年、1997 年、1999 年）、《十五大以来重要文献选编》上中下册（2000 年、2001 年、2003 年）、《十六大以来重要文献选编》上中下册（2005 年、2006 年、2008 年）、《十七大以来重要文献选编》上中下册（2009 年、2011 年、2013 年）、《十八大以来重要文献选编》上中下册（2014 年、2016 年、2018 年）、《十九大以来重要文献选编》上册（2019 年）等珍贵文献资料。这些文献资料将中华人民共和国成立以来中国共产党中央委员会、全国人民代表大会、国务院和中央纪律检查委员会发布的文件、条例、规划和中央领导同志的报告、讲话和文章等重要文献公开发表，为本书的研究提供重要文献数据支撑。

二、中国区域经济发展战略理论研究成果丰富

中华人民共和国成立以后，我国区域经济建设中实行的是区域平衡发展战略，该战略主张缩小地区发展差距，平衡沿海地区与内陆地区的工业布

局，建立独立的比较完整的地区工业体系和国民经济体系。区域均衡发展战略理论在我国实行改革开放以前一度盛行。

改革开放以后，中国区域经济发展战略的理论研究进入了一个相当活跃的时期，学者们提出了以下主要的战略思想和观点："一个重点"发展战略（主要包括梯度发展论、反梯度发展论、中心开花论、战略西移论、东部决战论）；区域结合发展战略（主要包括东靠西移论、内联外挤论、"一、三线"结合论等）；区域中性论（如"三沿"战略、"四沿"战略、"三环"战略、H型战略、弓型战略等）。

随着我国市场化改革不断向纵深方向发展，特别是中国共产党第十四届中央委员会第五次全体会议以后，中国区域发展战略问题的讨论又进入了一个崭新的阶段。这一阶段主要提出了以下几种有代表性的观点：①区域经济协调发展战略；②非均衡协调发展战略；③沿江经济带以互补互动为中心协调发展战略。

权衡（1997）分析和评述区域经济发展战略理论后得出，中国区域经济发展实践要求着眼于21世纪的持续稳定协调发展，制订和建立一个实事求是地反映区域发展客观规律的、科学的"牵一发而动全身"的宏观区域经济发展战略。

三、中国区域经济发展战略的演变历史有待进一步梳理

（一）中国区域经济发展战略与政策分析

陈家海（2003）通过对中国区域政策实践所做的"国别研究"，为建立一种"一般的"区域经济政策分析的科学体系，提供一份"实证研究"素材，启发一种新的研究思路。陈家海认为，中华人民共和国成立以来所实施的三个重大的区域发展战略分别是20世纪50年代初至20世纪70年代中期实施的所谓"西进"战略，20世纪八九十年代实施的沿海发展战略，以及20世纪90年代末提出并开始实施的西部大开发战略。

魏后凯发表多篇论文，对我国区域经济发展的若干理论问题展开探讨，并对我国"十一五"时期区域政策调整方向、"十二五"时期区域政策的基

本框架进行分析和研究，指出我国的区域政策取得了较大成效，但还存在过分强调效率目标、极易引发不公平、政出多门、缺乏协调等诸多问题。魏后凯认为，促进区域协调发展是中国的一项长期战略方针。

魏后凯等（2011）的《中国区域政策：评价与展望》一书中第一章在考察中华人民共和国成立以来区域政策演变历程的基础上，分析中国区域协调发展的基本态势、中国区域政策的科学基础及基本框架，并提出深化完善国家区域发展总体战略。该书最大的特色是分别对老工业基地、资源型城市、贫困地区、大都市区、粮食主产区、民族地区、革命老区、特殊经济区等类型区域政策和国家主体功能区政策进行了探讨，提出了未来中国区域政策的基本框架、调整完善方向和具体措施。

卢正惠（2012）的《区域经济发展战略：理论与模式》一书梳理了区域经济发展战略理论的产生与发展情况，并对区域经济发展战略的制定依据、现实基础和实施情况进行了分析，最后在总结成功的发展战略经验的基础上梳理了发展模式。

唐文睿（2011）的《中国区域经济战略的政治分析》在对中央政策和政府职能分析的基础上，以帕累托最优能否作为区域经济发展评价标准的分析为起点，通过对中国区域经济发展的政策演变和同时期的区域经济发展状况的统计、比较，对中央政策在资源配置上的变化与区域经济发展的相关性加以分析。唐文睿认为，中华人民共和国成立以来，我国中央政府的区域经济发展战略先后经过几次大的调整：1949—1978年，制定和实施了服务于国家安全战略的区域均衡发展战略；1978—1992年，出于尽快发展我国经济、增强国家总体经济实力的考虑，制定和实施了东部地区优先发展的战略；1992—2011年，转而实施重点促进中西部和东北老工业基地发展的地区协调发展战略。

（二）中国区域经济发展的历史考察

赵凌云（2001）认为，1979—1991年，中国实施了以内陆为重心的均衡型区域经济发展战略向以东部为重心的非均衡型区域经济发展战略的转变，伴随非均衡发展战略的实施以及改革开放的逐步展开，各地区之间的发展差距迅速拉大。这就决定，中国区域经济发展战略必须由非均衡型发展战略向区域经济协调发展战略转变。

赵凌云和向新（2005）分别从动因、动态和结构三个方面的特征，剖析了1979—2001年我国的经济增长格局及其成因。杨祖义（2006）通过分析20世纪90年代中国区域经济发展战略调整与改革的历史轨迹，总结得出，从20世纪90年代初开始，中国区域经济发展开始由非均衡发展转向强调区域协调发展。

杨秀萍（2004）和王佳（2008）分别从中国共产党历史和思想政治的专业角度简要描述了我国区域经济发展战略的历史演变过程，他们也认为中华人民共和国成立至今，我国宏观区域经济发展战略经历了由1978年以前的平衡发展战略到1979年以后的非均衡发展战略、再到20世纪90年代中期以后的区域经济非均衡协调发展战略的转换。

魏后凯（2008；2009）指出，中国区域经济发展战略的演变大体经历了1979—1990年、1991—1998年和1999年以后这三个不同阶段，其中第一个阶段为向东倾斜的不平衡发展阶段，第二个阶段开始关注中西部地区的发展问题，即为区域协调发展战略启动阶段，第三个阶段则是区域协调发展战略的全面实施阶段。

综上所述，现有研究成果在上述各方面已取得不少成果，但在中国区域经济发展战略的研究方面，尚存在"四少四多"现象，即专门研究的少，间接提及的多；理论研究的少，政策建议的多；全面研究的少，局部研究的多；深入研究的少，一般议论的多。到目前为止，专门、系统、深入研究整个中国区域经济发展战略演变历程的研究成果尚未出现，所以笔者认为本书具有很重要的学术价值。

第三节　研究思路与研究方法

一、研究思路

（1）厘清中华人民共和国成立以来，我国区域经济发展战略的演变历史，深刻把握其来龙去脉。主要侧重分析不同阶段均衡、非均衡、协调的区域经济发展战略出台的历史背景、现实依据、任务目标以及战略提出与实施的偏差等问题。

（2）通过对已发生、实施的区域经济发展战略包括政策的分析，深刻总结70年的经验和教训，提供历史启迪。

（3）重点思考现阶段我国区域经济协调发展战略的提出和实施。对目前的"一带一路"倡议、京津冀协同发展、长江经济带三大战略展开分析。

（4）最后提出实现区域协调发展的几点前瞻性思考，即对我国区域经济发展前景展开分析。

二、研究方法

（一）理论与实际相结合的方法

在借鉴前人有关区域经济发展战略理论的基础上，深刻剖析中国区域经济发展战略的演变实况，从而深入把握中国区域经济发展的历史轨迹与未来趋势，并得出相关结论。

（二）比较研究与案例分析相结合的方法

在充分把握历史资料的基础上，详尽描述每个阶段的典型案例，尽量还原历史事实，客观评价和比较分析各个阶段的得失成败，总结历史经验，为中国区域经济协调发展提供历史启迪。

（三）定性研究与定量分析相结合的方法

在全面掌握具体数据的基础上，对历史上各阶段的经济数据进行准确的定量分析，客观评价中国区域经济的发展历史，对历史上的经济问题展开定性分析。

（四）静态分析与动态分析相结合的方法

中华人民共和国成立以来，区域经济发展战略从平衡发展到非均衡发展，再到非均衡协调发展，最后到东部、中部、西部和东北部地区协调有序发展的转变，每一个阶段都有其独特的背景、成效及局限。因此，对各个阶段区域经济发展历史展开深入的静态分析，有利于得出客观透彻的结论。然而把各个阶段的历史演变轨迹串联起来展开动态分析，则可以从整体上把握中国区域经济发展的规律和趋势。

（五）归纳与演绎相结合的方法

从中华人民共和国成立 70 年的区域经济发展历史事实中归纳经验和总结教训，用客观事实演绎中国区域经济发展战略理论。

（六）经济学和经济史相结合的方法

经济史研究的任务不是简单地叙述史实，而是在全面掌握史实的基础上，对经济历史的过程进行分析和解释。因此，本书的研究离不开经济学理论与方法。本书主要参考的政策文件是各个时期的国民经济五年规划以及国家重大区域规划。本书通过引入经济学理论来研究经济史，对中国区域经济发展战略的演变历程展开有理有力、深入的整合研究。本书主要运用区域经济学、政治经济学、制度经济学等理论来创造性地研究中国区域经济发展的历史。

第四节 拟突破的难题及创新点

一、拟突破的难题

（1）收集整理中华人民共和国成立 70 年的相关历史资料，归纳总结中国区域经济发展战略的演变规律。

（2）通过梳理中华人民共和国成立以来区域经济发展战略的演变历史，重新解读区域经济发展战略理论。

（3）思考现阶段我国区域经济发展战略的提出和实施。

二、创新点

（1）首次专门、系统、深入研究中华人民共和国成立以来区域经济发展战略的演变历程，以期为进一步完善和深入实施区域经济协调发展战略提供前瞻性思考。

（2）首次从区域经济发展战略演变历史的角度来梳理中华人民共和国成立后的经济史资料，并结合区域经济学相关理论方法加以研究，以期对中华人民共和国成立后的经济史进行创新性解释。

（3）通过梳理中华人民共和国成立后区域经济发展战略的演变历史，重新解读区域经济发展战略理论。

第二章　区域经济平衡发展战略
（1949—1978 年）

为了拉动内陆工业发展，改变区域经济发展不平衡的历史旧貌，我国1950—1978 年有步骤、有重点地增加内陆建设资金，减少沿海投资，以缩小地区差距，实现区域平衡发展目标。1949—1978 年，中国各大区域的经济发展差距的确有所缩小，但资源配置效率低下，经济发展速度不理想。

第一节　区域经济平衡发展战略的提出背景

一、经济发展不平衡，区域布局待调整

中华人民共和国成立前夕，中国共产党中央委员会指出由于中国地域辽阔，经济发展不平衡，因此，在中央领导下的区域制，在相当长时期内仍然成为必要。根据过渡时期的特点，区域经济工作的方针是在分区经营的基础之上，有步骤、有重点地走向统一。

1950—1952 年，中央对各大区域的投资，实行了因地制宜，有区别、有重点的政策。这个时期，国家投入基本建设资金最多的是东北地区，其次为华东和华北，西北、西南的比重很小，沿海高于内陆。据统计，1952 年，中国沿海各省的工业产值约占全国工业总产值的 70%，其中 80% 的钢铁生产集

中在沿海，70%的纺织业集中在上海、天津和青岛。① 广大内陆特别是边疆少数民族地区几乎没有任何现代工业。针对这种地区发展极端不平衡的情况，中华人民共和国成立后采取了拉动内陆经济发展，以缩小地区差距，实现区域平衡发展目标的内陆地区重点发展战略。

二、国际局势紧张，国防上迫切需要

中华人民共和国成立初期，西方国家对我国封锁禁运，我国安全受到严重威胁。1950 年朝鲜战争爆发后，中国被迫卷入战争，抗美援朝。美国派兵进驻中国台湾，阻止中国的统一，并于 1955 年用原子弹威胁中国。中国与美国为首的西方资本主义世界的严重对立，使得中国工业布局不仅是经济问题，还成为了政治问题，因为这直接关系国家的安全和统一。"一五"计划出于国家安全、充分利用现有工业基础以及区域经济平衡发展等多种因素考虑，制定了一个兼顾国防、长期建设和投资效益的区域投资方案，使中华人民共和国成立以前遗留下来的畸形布局和区域之间的极端不平衡状况有所改善。

三、国内基础工业薄弱，资本要素极度稀缺

在中华人民共和国成立初期，中国作为一个贫穷落后的农业国家，将近90%的人口在农村生活和就业，工业的基础十分薄弱。1952 年，中国人均国民收入只有 119 元，中华人民共和国成立后经济发展处于很低级的阶段。当时在党和国家领导人看来，没有军事工业就没有国防，工业落后很有可能让中国再次陷入被动挨打的困局。所以，为了尽快摆脱这种落后被动的局面，新中国推行重工业优先发展战略。

然而，低收入水平抑制资本的积累，因此，在主要生产要素中，资本是

---

① 董志凯，武力. 中华人民共和国经济史（1953—1957）（上）[M]. 北京：社会科学文献出版社，2011.

最为稀缺的。① 中华人民共和国成立初期生产剩余少、外汇少、资金分散的要素禀赋结构与当时的国家领导人迫于局势做出的选择——重工业优先发展战略（建设周期长、关键设备须进口、一次性投入多）之间有着突出的矛盾。这一突出的矛盾严重压抑了中华人民共和国成立后三十年经济发展的速度和效益。

优先发展重工业的方针决定着区域发展战略的形成与实施。实施工业化方针不能不考虑各个区域交通、能源等基础设施水平及国防因素，加之从工业化角度理解马克思恩格斯关于"大工业在全国的尽可能均衡的分布是消灭城市和乡村的分离的条件"②，中华人民共和国成立后自然地选择了区域经济平衡发展战略。

第二节 区域经济平衡发展战略的整体布局及投资重点

一、区域经济平衡发展战略的整体布局

"一五"计划（1953—1957 年）指出，无论是从经济上考虑，还是从国防上来看，我国工业畸形地集中于沿海地区的状态都是不合理的。区域经济平衡发展战略，旨在使工业适当分布于全国各地，并使其接近原燃料产地和满足巩固国防的需要，提高内陆地区的经济水平，以逐步调治地区发展极端不均衡的历史痼疾。③

对于工业基本建设的地区分布，"一五"计划进行以下主要部署：第一，

① 林毅夫，蔡昉，李周. 中国的奇迹：发展战略与经济改革 [M]. 上海：上海人民出版社，2002.

② 马克思，恩格斯. 马克思恩格斯选集（第三卷）[M]. 北京：人民出版社，1995.

③ 中华人民共和国计划委员会. 中华人民共和国发展国民经济的第一个五年计划（1953—1957）[M]. 北京：人民出版社，1955.

合理利用东北工业基地的已有成果和技术优势，使其更有能力支援新工业地区的建设。第二，发挥上海和其他城市的工业基础作用，积极支援内陆地区的工业建设。第三，在华北、西北和华中等地积极建设新的工业基地，在西南地区开始部分工业建设。①

1958年6月1日，中国共产党中央委员会发出《关于加强协作区工作的决定》②，设想在东北、华东、华北、西北、华中、华南、西南等七个协作区同时建设不同水平、各具特点、大力协同、农轻重关系协调发展的经济体系。1961年将华中和华南合并为中南区，由此形成后来长期沿用的六大经济协作区。

20世纪60年代，美国在中国东南沿海的攻势凌厉。1964年8月，毛泽东同志一再强调，"工厂集中在大城市和沿海地区不利于备战，各省都要搬家，建立自己的战略后方"③。一场以国防战备为指导思想的大规模军工、科技和交通基础设施建设，在我国中西部地区实施的"三线"建设拉开了帷幕。1964年12月，根据毛泽东同志指示拟定的"三五"计划设想确定，把国防安全放在第一位，继续优先发展重工业，加快三线建设，逐步改变工业布局。当时根据各省的战略位置的不同，按行政管理范围，将东部沿海划分为一线地区，将四川省、贵州省、云南省、陕西省、甘肃省、宁夏回族自治区、青海省、广西壮族自治区、海南省、湖北省、湖南省、山西省、河北省划分为三线地区，其余属二线地区。同时，沿海地区也划分了各自的"小三线"。

1965年9月12日，国家计划委员会拟出第三个五年计划，特别强调第三个五年计划必须集中国家的人力、物力、财力，把"三线"地区的国防工业，原料、材料、燃料、动力、机械、化学工业以及交通运输系统逐步建设起来，使"三线"地区成为一个初具规模的战略大后方。

---

① 中华人民共和国计划委员会.中华人民共和国发展国民经济的第一个五年计划（1953—1957）[M].北京：人民出版社，1955.

② 董志凯.共和国经济风云回眸[M].北京：中国社会科学出版社，2009.

③ 马洪，孙尚清.现代中国经济大事典（第3卷）[M].北京：中国财政经济出版社，1993.

"四五"计划（1971—1975 年）提出狠抓备战，集中力量建设"三线"战略后方，建立不同水平、各有特点、各自为战、大力协同的西南、西北、中原、华南、华东、东北、山东、闽赣、新疆维吾尔自治区等十大经济协作区；各自有步骤地建设冶金、国防机械、燃料动力、化工体系；初步建成我国独立的比较完整的工业体系和国民经济体系，扭转"南粮北调""北煤南运"局面。

二、这一时期的投资重点

在国民经济恢复时期（1949—1952 年），中央投资的基本建设项目主要安排在东北，其次为华东和华北，西北、西南的比重很小，沿海高于内陆（见表 2-1、表 2-2、表 2-3）。

在中央统一指导下，各大区从当地实际情况出发，因地制宜地投资，形成各自进行恢复建设的特点。东北重点投资重工业和国防工业，华北重点投资国营工业和市政建设，华东重点投资水利事业（治淮工程占突出位置），中南区的投资重点是工业（其中棉纺织业占工业投资第一位）和水利（其最大项目是荆江分洪工程），西北和西南主要投资铁路和公路建设。

在第一个五年建设中，限于当时的实际情况，只能积极发挥现有工业基地的力量，并为新的工业基地准备条件。东北、上海是近沿海地区，在国防上说并不是很安全的，但利用这些旧基地，争取工业建设的速度，也是国防上的迫切需要。就第一个五年计划确定的 694 个限额以上的工业建设项目来看，分布在内陆的有 472 个，分布在沿海地区的有 222 个。再以其中核心工程"156 项"① 重大建设项目布局看，其中 44 个国防企业项目，布置在中西部地区 35 个，东北和沿海地区 9 个。"156 项"中有民用工业企业项目 106 个，其中有 50 个布置在东北地区，32 个在中部地区，剩下的 24 个在西部地

---

①　苏联援助建设的"156 项"，实际进行施工的有 150 项，其中在"一五"期间施工的有 146 项。

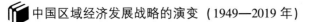

区。① 新建工业在地区上进行这样的布置，是充分考虑实际资源、区域平衡及军事需要的。

表 2-1　1951 年工业基本建设工作总量区域分布比重　　单位：%

部门	全国	东北	华北	华东	中南	西南	西北
工业（总计）	100.0	40.2	21.2	3.3	11.1	7.0	17.2
生产资料生产部门	100.0	44.6	20.3	3.9	8.3	8.8	14.1
生活资料生产部门	100.0	27.9	23.5	1.7	19.2	1.9	25.8

资料来源：中国社会科学院，中央档案馆.1949—1952 中华人民共和国经济档案资料选编：基本建设投资和建筑业卷 [M]．北京：中国城市经济社会出版社，1989.

表 2-2　1952 年基本建设投资的地区分布

	绝对数（亿元）	比重（%）
全国总计	43.56	100.00
华北区	5.18	11.90
北京	1.71	3.90
河北	2.16	5.00
内蒙古自治区	0.30	0.70
山西	1.01	2.30
东北区	10.80	24.80
辽宁	7.08	16.30
吉林	1.40	3.20
黑龙江	2.32	5.30
华东区	6.18	14.20
上海	1.21	2.80
江苏	1.49	3.40
浙江	0.48	1.10
安徽	1.15	2.60

① 董志凯，武力.中华人民共和国经济史（1953—1957）（上）[M]．北京：社会科学文献出版社，2011.

续表

	绝对数（亿元）	比重（%）
江西	0.27	0.60
福建	0.38	0.90
山东	1.20	2.80
中南区	4.19	9.60
广东	0.56	1.30
广西壮族自治区	0.23	0.50
湖南	0.47	1.10
湖北	1.92	4.40
河南	1.01	2.30
西南区	2.10	4.80
四川	1.41	3.20
云南	0.51	1.20
贵州	0.18	0.40
西藏自治区	—	—
西北区	2.69	6.20
陕西	1.00	2.30
甘肃	0.46	1.10
青海	0.12	0.30
新疆维吾尔自治区	1.11	2.50
宁夏回族自治区	—	—
不分地区部分	12.42	28.50

注：宁夏回族自治区的投资包括在甘肃省内。

资料来源：中国社会科学院，中央档案馆.1949—1952中华人民共和国经济档案资料选编：基本建设投资和建筑业卷［M］.北京：中国城市经济社会出版社，1989.

表2-3 1952年沿海和内陆的投资额

绝对数（亿元）				比重（%）			
投资总额	沿海	内陆	不分地区	投资总额	沿海	内陆	不分地区
43.56	16.27	14.87	12.42	100.00	37.40	34.10	28.50

资料来源：中国社会科学院，中央档案馆.1949—1952中华人民共和国经济档案资料选编：基本建设投资和建筑业卷［M］.北京：中国城市经济社会出版社，1989.

从表 2-4 可以看出，在"156 项"中安排了投资的有 17 个省（自治区、直辖市）。其按照计划安排投资、实际完成投资以及"一五"时期完成投资的排序基本上是一致的。辽宁省是这三方面投资最多的省份，所占比重分别为 22.7%、25.9% 和 33.0%。安排投资比较多的有黑龙江、陕西、河南、内蒙古自治区、湖北、吉林、甘肃和山西，这 8 个省（自治区、直辖市）的计划安排投资达 1381287 万元，占 68.3%；实际完成投资 1278524 万元，占 65.2%；"一五"时期完成投资为 627821 万元，占 58.5%。

表 2-4　"一五"时期实施的 150 项在 17 省（自治区、直辖市）的
投资情况（按实际完成投资排序）

	计划安排投资		实际完成投资		"一五"时期完成投资	
	绝对数（万元）	相对数（%）	绝对数（万元）	相对数（%）	绝对数（万元）	相对数（%）
辽宁	459537.0	22.7	507521.0	25.9	354246.0	33.0
黑龙江	189161.0	9.4	216483.0	11.0	141344.0	13.2
陕西	182744.0	9.0	171403.0	8.7	112057.0	10.4
河南	261604.0	12.9	159704.0	8.1	46705.0	4.4
内蒙古自治区	160897.0	8.0	159003.0	8.1	49332.0	4.6
湖北	170178.0	8.4	154805.0	7.9	39820.0	3.7
吉林	136558.0	6.8	145510.0	7.4	132772.0	12.4
甘肃	146614.0	7.3	139736.0	7.1	42718.0	4.0
山西	133531.0	6.6	131880.0	6.7	63073.0	5.9
云南	57681.0	2.9	55602.0	2.8	18175.0	1.7
河北	28077.0	1.4	28264.0	1.4	12732.0	1.2
北京	24356.0	1.2	25194.0	1.3	16339.0	1.5
江西	24697.0	1.2	25132.0	1.3	16196.0	1.5
四川	28556.0	1.4	22082.0	1.1	12751.0	1.2
湖南	13217.0	0.7	14255.0	0.7	12915.0	1.2
新疆维吾尔自治区	3270.0	0.2	3275.0	0.2	1981.0	0.2
安徽	1500.0	0.1	1486.0	0.1	472.0	0.0
合计	2022178.0	100.0	1961335.0	100.0	1073628.0	100.0

资料来源：董志凯，武力. 中华人民共和国经济史（1953—1957）（上）[M]. 北京：社会科学文献出版社，2011.

在第二个五年计划期间，继续推进华中和内蒙古自治区两地区的钢铁工业、新疆维吾尔自治区的石油工业和有色金属工业，以及西藏自治区的地质工作，积极推进西北、西南地区建设钢铁工业基地，积极促进三门峡周围地区建设大型水电站。同时，继续加强东北地区的工业基地建设，充分利用和适当加强华东、华北、华南各地区近海城市的工业。从投资的地区结构看，东北地区的投资比重下降，由"一五"时期的40%下降为22%，华北地区由34.3%下降为28.9%，而华中地区的投资比重则由"一五"时期的9.1%上升为16%，西南和华南地区的投资比重分别由"一五"时期的3.7%和0.1%，上升至10.3%和9%。①

"二五"期间，首都十大建筑竣工、十三陵水库建成、包钢一号高炉建成投产、大庆石油会战、郑州黄河大桥建成。但是，重工业高速度"跃进"，农轻重比例关系严重失调，工农业生产年均增长只有0.6%，社会总产值、农业总产值和国民收入都是负增长②。

"三五"期间，积极备战，把国防建设放在第一位，加快"三线"建设③，加强基础工业和交通运输的建设。"三线"建设的重点有：包钢、太钢、武钢、攀枝花、酒泉等钢铁基地，以及为国防工业建设服务的搬迁续建钢铁项目；贵州铝基地、云南白银铜基地、四川西彭乡铝加工厂、甘肃金川镍基地、陇西铝加工厂等有色金属工业；贵州六枝、盘县、水城、四川芙蓉山、云南宝顶山、宁夏汝箕沟、甘肃靖远、陕西蒲城等地的煤炭工业；四川油气田勘探；四川龚咀、映秀湾、云南礼河、绿水河、甘肃刘家峡、盐锅峡、陕西彭家湾等10个水电站，以及四川夹江、湖北青山等火电站和泸州地区的天然气电站；为军工服务的四川德阳重机厂、东风电机厂、贵州轴承厂；云贵铁路、成昆铁路、兰新铁路等交通运输线。

---

① 马洪，孙尚清. 现代中国经济大事典（第3卷）[M]. 北京：中国财政经济出版社，1993.

② 郭德宏. 历史的跨越：中华人民共和国国民经济和社会发展"一五"计划至"十一五"规划要览 [M]. 北京：中共党史出版社，2006.

③ "三线"地区指的是，四川（含重庆）、贵州、云南、陕西、甘肃、宁夏回族自治区、青海7个省区市及山西、河北、河南、湖南、湖北、广西壮族自治区等省区的腹地部分。

"三五""四五"期间，累计向"三线"地区投资 1173.41 亿元①。"三五"期间，"三线"建设投资额占全国基本建设投资的比重高达 52.7%，"四五"期间下降到 41.1%（见表 2-5）。

总的来看（见表 2-5），在全国基本建设投资总额中，"一五"时期，沿海与内陆投资之比为 0.87 : 1；"二五"时期下降到 0.78 : 1；"三五"时期，内陆建设投资占全国基本建设投资的 66.8%。可见，这一时期我国区域经济平衡发展战略的实施是有步骤且有成效的。

表 2-5　1952—1975 年中国基本建设投资的地区分布　　　　单位：%

时期	沿海	内陆	其中"三线"地区
"一五"时期（1953—1957 年）	41.8	47.8	30.6
"二五"时期（1958—1962 年）	42.3	53.9	36.9
调整时期（1963—1965 年）	39.4	58.0	38.2
"三五"时期（1966—1970 年）	30.9	66.8	52.7
"四五"时期（1971—1975 年）	39.4	53.5	41.1
1952—1975 年	40.0	55.0	40.0

注：由于有一部分不分地区的投资，沿海和内陆投资之和不等于 100。

资料来源：刘再兴. 中国生产力总体布局研究 [M]. 北京：中国物价出版社，1995.

第三节　区域经济平衡发展战略的政策效应

一、背离资源比较优势的发展战略压抑了经济增长速度

区域经济平衡发展战略虽然符合中华人民共和国成立初期的现实国情，但是在优先发展重工业的战略影响下，产业结构背离资源比较优势，再加上

----

① 董志凯. 共和国经济风云回眸 [M]. 北京：中国社会科学出版社，2009.

国际局势紧张，中国经济增长高成本、低效益。从图 2-1 和表 2-6 所展示的结果来看，1952—1978 年，第一产业和第三产业的发展长期受到压抑，增长趋势过于平缓；第二产业的发展曲线与国内生产总值的变化趋势基本一致，除在 1959—1962 年、1966—1968 年、1975—1976 年三个时段出现了比较明显的停滞倒退外，其余时段基本呈现出向上增长的良好态势。但是，中华人民共和国成立后底子薄、起步低，人均国民收入一直在 119~381 元低位徘徊。

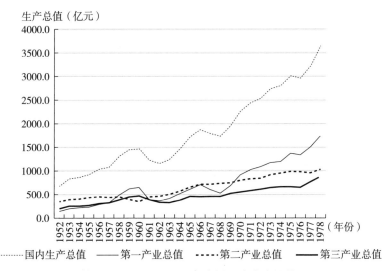

图 2-1　1952—1978 年中国国内生产总值

表 2-6　1952—1978 年中国国内生产总值指数　　　单位：亿元

年份	国内生产总值		第一产业总值		第二产业总值		第三产业总值		人均国民收入（元/人）	
	绝对数	指数	绝对数	指数	绝对数	指数	绝对数	指数	绝对数	指数
1952	679.0	100.0	346.0	100.0	141.8	100.0	191.2	100.0	119.0	100.0
1953	824.2	115.6	381.4	101.9	192.5	135.8	250.3	124.9	142.0	113.1
1954	859.4	104.2	395.5	101.7	211.7	115.7	252.2	99.6	144.0	101.8
1955	910.8	106.8	424.8	107.9	222.2	107.6	263.8	104.8	150.0	104.5
1956	1029.0	115.0	447.9	104.7	280.7	134.5	300.4	113.3	166.0	112.7
1957	1069.3	105.1	433.9	103.1	317.0	108.0	318.4	104.7	168.0	102.4

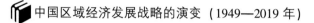

续表

年份	国内生产总值		第一产业总值		第二产业总值		第三产业总值		人均国民收入（元/人）	
	绝对数	指数	绝对数	指数	绝对数	指数	绝对数	指数	绝对数	指数
1958	1308.2	121.3	449.9	100.4	483.5	152.9	374.8	118.1	200.0	118.3
1959	1440.4	108.8	387.2	84.1	615.5	125.8	437.6	115.6	216.0	106.7
1960	1457.5	99.7	343.8	83.6	648.2	105.6	465.5	105.0	218.0	99.5
1961	1220.9	72.7	445.1	101.4	388.9	57.9	387.0	74.2	185.0	73.4
1962	1151.2	94.4	457.2	104.5	359.3	89.2	334.8	90.7	173.0	93.6
1963	1236.4	110.2	502.0	111.3	407.6	114.5	326.8	104.4	181.0	107.5
1964	1455.5	118.3	564.0	112.9	513.6	125.6	378.0	115.5	208.0	115.5
1965	1717.2	117.0	656.9	109.7	602.2	124.2	458.1	115.8	240.0	114.3
1966	1873.1	110.7	708.5	107.2	709.5	122.4	455.1	98.1	255.0	107.7
1967	1780.3	94.3	720.6	101.9	602.8	85.7	456.9	100.5	236.0	91.9
1968	1730.2	95.9	732.8	98.4	537.3	90.8	460.0	100.7	223.0	93.4
1969	1945.8	116.9	742.8	100.8	689.1	133.1	513.9	113.4	244.0	113.7
1970	2261.3	119.4	800.4	107.7	912.2	134.8	548.7	107.1	276.0	116.1
1971	2435.3	107.0	833.7	101.9	1022.8	112.3	578.7	105.8	290.0	104.1
1972	2530.2	103.8	834.8	99.1	1084.2	106.7	611.2	105.1	294.0	101.2
1973	2733.4	107.9	915.6	109.0	1173.0	108.3	644.7	105.5	310.0	105.4
1974	2803.7	102.3	953.7	104.1	1192.0	101.4	658.1	101.5	311.0	100.2
1975	3013.1	108.7	979.8	102.0	1370.5	115.8	662.8	104.9	329.0	106.8
1976	2961.5	98.4	975.7	98.2	1337.2	97.5	648.6	100.4	318.0	96.9
1977	3221.1	107.6	950.6	97.8	1509.1	113.3	761.4	109.6	341.0	106.2
1978	3645.2	111.7	1027.5	104.1	1745.2	115.0	872.5	113.8	381.0	110.2

资料来源：国家统计局国民经济综合统计司. 新中国六十年统计资料汇编 ［M］. 北京：中国统计出版社，2010.

二、我国中西部地区工业化艰辛起步

尽管"一五"时期采取了向内陆倾斜的经济建设战略，东部地区和中部地区的生产总值占全国 GDP 的比重有所下降（见表 2-7），东北以及西部地区的生产总值占全国 GDP 的比重明显上升，但东部沿海具有工业基础和优势的地区（如上海、北京、天津、广东等）仍然保持了较快的经济发展速度和重要的经济发展地位。可见"一五"时期区域平衡战略的实施在一定程度上遵循了比较优势原理，取得了较好的经济发展效果，地区经济差距略有缩小。

1958—1960 年，在上海、北京、天津等东部重点区域的带动下，东部地区的生产总值占全国 GDP 的比重显著上升，东北地区尤其是辽宁省的经济也得到了较快发展，而中部和西部地区的生产总值占全国 GDP 的比重有所下降（见表 2-7）。[①]"二五"时期的前三年，中国经济活动呈现向沿海集聚的趋势，省区经济差距也因此扩大。[②]

1960—1966 年，经济布局重心再度向西部转移，东北地区的生产总值占全国 GDP 的比重降低幅度较大，东部地区的生产总值占全国 GDP 的比重也整体下降，而中西部地区，尤其是西部地区的生产总值占全国 GDP 的比重显著上升，地区经济差距有所减小。

1966—1976 年是"文化大革命"时期，国民经济整体发展迟缓，经济空间格局变动较小。"三五"和"四五"期间，中国经济布局的重点是进行"三线"建设，国民经济各部门的增长速度明显低于"一五"时期和1963—1965 年。不可否认的是，那个特殊时期注重的是国防安全，尽管效益不好，但"三线"建设奠定了内陆地区工业化基础，形成了坚实的战略大后方。[③]三线建设是中国工业化浪潮中的重要环节。近代以来，如何迅速实现现代化，一直是历代救国救亡先贤思考的重点问题。中国的工业化起步于沿海地区，长期以来，中西部内陆地区的工业化水平相对落后。中华人民共和国成立后，虽有苏联援助的 156 个大型项目部分落户内陆，但并未改变中国工业布局不平衡的现实。1956 年中国开始进行社会主义建设，尤其是"三线"建设大规模的工业内迁，为内陆地区现代工业体系的建立做出了重要贡献。

① 李国平. 产业转移与中国区域空间结构优化 [M]. 北京：科学出版社，2016.
② 孙久文，年猛. 中国国土开发空间格局的演变研究 [J]. 东岳论坛，2011（11）：8-14.
③ 陈耀. 新时代我国区域协调发展战略若干思考 [J]. 企业经济，2018（2）：11-19+2.

内陆地区改革开放之后兴起的乡镇企业和民营经济，大部分都是以"三线"建设配套工业为基础。如今，内陆地区已成为"一带一路"倡议的"桥头堡"和新对外开放的前沿，"三线"建设打下的工业基础，为西部地区的发展提供了历史积淀。然而，"三线"建设时期，许多企业按"分散、靠山、隐蔽"的国防原则选址，违背生产要素聚集形成规模效益的经济规律，没有形成扩展经济和技术效应的"发展极"，因而无法产生良好的效益。出于战备需要和国防考虑的基础建设与"三线"地区的资源禀赋并不一致，加之国家大中型企业"嵌入"式的封闭体制使"发展极"的扩散效应难以发挥，使这些产业没能较好地带动地方经济的发展。

表 2-7　1952—1980 年中国各地区生产总值占全国 GDP 的比重变动情况[①]

年份 地区	各地区生产总值占全国 GDP 的比重变动百分比			
	1952—1958 年	1958—1960 年	1960—1966 年	1966—1980 年
东部	-2.092	1.585	-0.594	2.736
中部	-0.400	-1.403	1.308	-0.895
西部	0.690	-2.832	2.416	-0.575
东北	1.801	2.650	-3.130	-1.266

资料来源：李国平. 产业转移与中国区域空间结构优化 [M]. 北京：科学出版社，2016.

三、我国内陆地区城市化进程加快

与工业化进程和区域平衡布局相应，我国内陆地区城市化进程加快。到 1952 年底，大陆设市城市已由 1949 年的 134 个上升至 160 个。"一五"期

---

① 按照中国目前的区域划分方法，表 2-7 中的东部地区包括北京、天津、河北、上海、江苏、浙江、福建、山东和广东等 9 个省、直辖市，中部地区包括山西、安徽、江西、河南、湖北和湖南六省，西部地区包括重庆、四川、贵州、云南、广西壮族自治区、陕西、甘肃、青海、宁夏回族自治区、西藏自治区、新疆维吾尔自治区、内蒙古自治区等 12 个省自治区直辖市，东北地区包括辽宁、吉林和黑龙江三省。

间，全国新建城市6个，扩建城市94个，其中20个城市实现了大规模扩建。① 1957年，城市的数量增加到176个。1949—1957年，城镇人口从5765万人增加到9949万人，增加了4184万人，平均每年增加523万人，年均增长率为9%，城市化水平由10.6%上升到15.4%，上升了4.8个百分点，年均增长0.6个百分点。这个时期的城镇人口增长以机械增长为主（约占60.6%），自然增长为辅（约占39.4%），是中华人民共和国成立以来城镇人口增长较快的时期之一。

1958—1965年我国城市化进程出现大起大落。1957年底，全国设市城市为176个，到1961年增加到208个。1958—1960年底，中国城镇人口增加了13073万人。但是，在国民经济严重困难的情况下，大规模的工业建设和相对膨胀的城镇人口，都远超当时国家财力、物力所能承受的极限。此后城市建设投资被迫大幅减少。到1964年底，建制市减少到169个。全国撤销了39个。1965年全国城市数比1957年减少8个，建制城镇减少近一半。②

综上所述，1949—1978年，中国各大区域的经济发展差距的确有所缩小，但资源配置效率低下，经济发展速度不理想，人民生活在长时期内改善甚微。这一时期的区域经济平衡发展战略强调拉动内陆工业发展，在资本要素极度缺乏的前提下加大内陆重工业及国防工业的投资，未能充分利用沿海优势，更没能注重效益发展比较优势产业，必然无法实现中国经济的高效发展，也必定无法实现区域经济平衡、协调发展的战略目标。

---

① "一五"期间，在大规模建设工业企业的京广铁路沿线及京广铁路以西地区，出现了许多新工业城市、工业区和工业镇。许多过去工业基础较为薄弱的城市，已逐步成为新兴的工业城市，如哈尔滨、长春、包头、兰州、西安、太原、郑州、洛阳、武汉、湘潭、株洲、重庆、成都、乌鲁木齐等。

② 董志凯.共和国经济风云回眸[M].北京：中国社会科学出版社，2009.

本章小结

区域协调发展是国民经济发展的重要环节。我国国土广袤，各地区地理环境、资源禀赋和经济社会发展水平差异很大，区域之间经济发展的不平衡是中国的基本国情。为解决区域发展不平衡不充分的问题，党的十九大报告提出今后一个时期实施区域协调发展战略，这是党中央在新时代针对区域发展新特征作出的重大战略部署。着眼于经济社会的长远发展，需要按照新发展理念，实行针对性强的差别化政策，加快培育新增长动能，提高区域经济发展的协调性和协同性。

通过回顾1949—1978年中国区域经济平衡发展战略的实施过程，笔者发现，区域协调发展战略的思想萌芽就是在这段时间出现的，因而获得如下启迪：

首先，不能把区域平衡发展简单地理解为缩小地区间GDP差距，而是要让各地区人均GDP的差距保持在适度范围。解决区域发展不平衡的历史难题，必须坚持长期作战的方针，甚至可以适当采取迂回战术，不能操之过急。"三线"建设急于求成，盲目上马的许多重点项目从选址到布局都不科学，造成重复浪费、投产困难、效益下降等严重经济损失。值得指出的是，"三线"建设作为国家计划经济体制下的一种特殊的国家行为，许多"三线"企业搬迁内陆之后，因缺少资金、技术等原因，经济效益相对低下，但作为一项有关战备和国防安全的国家工程，其在无形中对西部地区工业体系建立、经济格局平衡起了重要作用，因此，全面、系统、公正地评估"三线"建设的历史地位，对西部大开发、"一带一路"倡议和乡村振兴战略皆有重大意义。

其次，实现区域平衡发展目标，必须注重投资效率，让各地区的比较优势得到充分发挥。1950—1978年，区域经济平衡发展战略的提出与实施，充分体现出我国在经济发展中将公平置于优先地位。然而，在资本要素极度缺乏的年代，将经济建设的重点放在落后偏远的中西部地区，加之产业结构严重背离资源比较优势，导致投资效益低下，全国经济的发展速度受到严重压抑。可见，处理好公平与效率的关系至关重要。不可否认的是，"三线"建设从 1964 年到 1980 年，对于改善我国国民经济结构和布局、推进中西部落后地区的经济社会发展有重要作用。其规模之大、时间之长、动员之广、行动之快，在我国建设史上是空前的。

最后，缩小地区差距，统筹推进均衡发展，优化地区产业结构，实现区域协调发展，必须在区域之间按比较优势形成分工协作格局，充分发挥市场在资源配置中的基础性作用，使生产要素自由有序地向低成本、高效益的区域和产业流动，实现市场一体化。当然，市场机制不是万能的，要实现区域经济的协调发展，让各地区群众能够享受均等化的基本公共服务，政府的宏观调控是必不可少的。只有健全社会主义市场经济体制，建立合理的宏观调控机制，推进生态环境区际联防联控，实现人与自然和谐共生，才能有效推动区域协同发展。

第三章 区域经济非均衡发展战略
（1979—1990 年）

第一节 区域经济非均衡发展战略的提出背景

一、国际大背景

（一）多极化发展趋势形成

20 世纪 60 年代末 70 年代初，美国在世界经济中优势地位下降，欧洲共同体快速崛起，日本经济迅速发展，说明国际关系已经不再是美苏争霸的两极世界，开始迈向多极世界。

20 世纪 60 年代末，中国和苏联关系破裂，美苏关系缓和。20 世纪 70 年代，美国先后实行"双和"（"和中""和苏"）战略及"和中抗苏"战略，在与中国建交的同时，加紧与苏联在"中间地带"的争夺。①

伴随着中华人民共和国成立后社会经济的进一步发展，综合国力不断提高，特别是 1964 年的中国与法国建交加强了中国与西欧国家之间的联系，进入 20 世纪 70 年代之后，中国的国际地位进一步提高。1971 年 10 月 25 日，中国在联合国的合法席位得以恢复。

1969 年尼克松就任美国总统以后，鉴于世界政治力量对比发生变化，主

---

① 陈小宁. 20 世纪 70 年代的中美苏战略三角关系探析 [J]. 西部学刊，2019 (5)：45-48.

张同中国改善关系。1971 年 7 月 9 日至 11 日，美国总统国家安全事务助理基辛格秘密访华。1972 年 7 月 15 日，美国总统尼克松宣布访华的外交举措。1972 年 2 月，尼克松访华，《中美联合公报》发表，中国和美国正式开始交往合作。中国和美国关系的缓和促进了中日关系的改善。1972 年 9 月 25 日，日本首相田中角荣访华，中国和日本双方在恢复邦交这个问题上达成了共识。1978 年 8 月 12 日，《中日和平友好条约》在北京签订。1978 年 12 月 16 日，《中美建交公报》发表，1979 年 1 月 1 日正式生效。可见，从 20 世纪 70 年代初开始，美国在中国、美国、日本三角关系之中的主导地位开始削弱，中国、美国、日本三角关系内部的互动态势日趋显著。[①]

1980 年 1 月 16 日，邓小平说："这三年期间（1977—1979 年），我们实现了中美建交，缔结了中日和平友好条约，对日美两国进行了国事访问；华国锋同志访问了朝鲜、罗马尼亚、南斯拉夫，访问了欧洲四国；李先念同志和我访问了亚洲、非洲一些国家；还有大量各种级别的外事访问，去了五大洲的几十个国家。我们的副总理差不多都出去过，副委员长好多都出去过。这三年，特别是去年（1979 年）一年，我们外事出访空前多，外国领导人员来访也几乎每月不断。这些活动，奠定了我国外交上的新格局，使我们实现四个现代化有了比较好的国际条件，在反对霸权主义的斗争中也扩大了阵容。我们同第三世界国家的合作继续增强。对越自卫反击战，在军事上、政治上都得到了胜利，不仅对于稳定东南亚局势，而且对于国际反霸斗争，已经起了重大的作用，将来还会起作用。"[②]

（二）和平与发展成为时代主题

随着 20 世纪 60 年代中国和苏联关系的日趋紧张，中国对苏联和东欧社会主义国家的经济贸易额急剧下降，在这种情况下，中国迫切需要开辟新的市场，扩大与资本主义国家的经济技术交流和贸易往来；与此同时，经历战后快速发展的西方资本主义国家，也于 20 世纪 70 年代初陷入经济危机，为

① 王云翠. 20 世纪 70 年代中美日三角关系的互动态势 [J]. 学理论，2015（2）：132-133.
② 中共中央文献研究室. 三中全会以来重要文献选编（上册）[G]. 北京：中央文献出版社，2011.

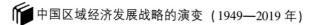
走出危机，西方国家试图从发展中国家寻找新的投资场所和市场。①

1973—1975年，美国工业生产下降13.8%，国民生产总值下降6.6%。②20世纪70年代，整个资本主义世界的经济情况和政治情况的变化都十分复杂、迅速。1978年，美国经济情况好坏参半，通货膨胀和对外贸易的恶化，使西方外汇市场的美元汇率接连掀起跌风。1978年是日本摆脱战后最严重的经济危机后的第三个年头了，可是日本经济复苏步伐快不起来。③ 西欧经济慢步回升，苏联经济进入不妙境况。

20世纪70年代，西方经济陷入"滞胀"局面，迫切要求寻找新的投资场所和市场，刺激经济增长。美元地位江河日下，马克、日元和其他强势货币的作用日益增加。发展中国家形成了在所有方面都不容忽视的第三世界，迫切要求缩短其与发达国家的差距。

因此，1985年3月4日，邓小平同志会见日本商工会议所访华团时说："现在世界上真正大的问题，带全球性的战略问题，一个是和平问题，一个是经济问题或者说发展问题。和平问题是东西问题，发展问题是南北问题。"④

20世纪70年代末，国际政治经济形势发生了明显变化。西方发达国家开始进行产业结构的调整、升级，部分产业需要转移。亚太地区特别是"四小龙"适应当时的国际经济形势也加快了调整产业结构的步伐，这是我国参与国际市场竞争、发展本国经济的良好机遇。为此我国需要大幅度调整区域经济布局，实行区域非均衡经济发展战略，将发展条件更为有利的东部沿海地区作为优先发展的重点区域。所以，中央政府制定首先从东南沿海地区开放的方针，符合当时的国际地缘经济形势和我国经济发展的客观要求。

① 吕薇洲. 20世纪70年代陈云关于研究、利用和警惕资本主义的思想及其当代价值 [J]. 党的文献, 2016 (1): 58-63.

② 吴大琨. 展望一九七九年的美国经济 [J]. 经济导报, 1979 (1-2): 68.

③ 一九七八年主要资本主义国家经济情况 [J]. 经济导报, 1979 (1-2): 70-73.

④ 邓小平. 邓小平文选（第三卷）[M]. 北京：人民出版社, 1993.

二、国内局势好转

（一）拨乱反正工作顺利完成

1976年粉碎"四人帮"之后，党和国家的各项工作走上正轨，邓小平等人进行了一场艰辛的拨乱反正工作。1977年12月，中国共产党中央委员会组织部在胡耀邦的主持下，打开了在全国范围内落实干部政策、平反冤假错案的局面。当《实践是检验真理的唯一标准》一文在1978年5月11日的《光明日报》发表之后，一场关于真理标准问题的大讨论正式开启了。到1979年秋冬形成大讨论的高潮，1980年继续推进。1981年6月，《关于建国以来党的若干历史问题的决议》（该决议在党的十一届六中全会正式通过）指出，党和国家已基本完成指导思想上的拨乱反正。① 全国出现了安定团结的政治局面。

（二）停止"以阶级斗争为纲"的错误方针，决定"一切工作以经济建设为中心"

1978年12月，党的十一届三中全会决定，全党工作的着重点应该从一九七九年开始转移到社会主义现代化建设上来②。"这对于实现国民经济三年，八年规划和二十三年设想，实现农业、工业，国防和科学技术的现代化，巩固我国的无产阶级专政，具有重大的意义。"③

三、区域经济非均衡发展战略的提出

（一）调整国民经济，加快发展步伐

1979年1月6日，邓小平指出，"我们要从总方针来一个调整，先搞那些容易搞，上得快，能赚钱的，减少一些钢铁厂和一些大项目。今年计划中的有些指标要压缩一下，不然不踏实、不可靠"④。1979年3月14日，陈云

---

① 李正华. 胡耀邦在拨乱反正中的历史贡献［J］. 毛泽东研究，2015（5）：47-52.

②③ 中共中央文献研究室. 三中全会以来重要文献选编（上册）［M］. 北京：中央文献出版社，2011.

④ 房维中. 中华人民共和国经济大事记［M］. 北京：中国社会科学出版社，1984.

同志和李先念同志联名写信给中国共产党中央委员会，指出"现在的国民经济是没有综合平衡的"，"比例失调的情况是相当严重的"，"要有两三年的调整时期，才能把各方面的比例失调情况大体上调整过来"①。1979 年 3 月 21 日至 23 日，中国共产党中央委员会政治局会议讨论 1979 年国民经济计划和经济调整问题。会上，陈云指出，"按比例发展是最快的速度"，最好用三年时间来调整国民经济，"调整的目的，就是要达到按比例，能比较按比例前进"②。邓小平在会上也提出，"现在的中心任务是调整，首先要有决心，东照顾、西照顾不行"③。

1979 年 3 月 25 日，陈云在国务院财政经济委员会第一次会议上说："调整，就是步伐调整调整，该踏步的踏步，该下的下，该快马加鞭的快马加鞭。目的是为了前进，为了搞四个现代化。"④1979 年 9 月 18 日，陈云同志在国务院财政经济委员会召开的汇报会上说："目前人民向往四个现代化，要求经济有较快的发展。但他们又要求不要再折腾，在不再折腾的条件下有较快的发展速度。我们应该探索在这种条件下的发展速度。"⑤

1979 年，针对过去那种在全国各地建立独立的、比较完整的工业体系的不当做法，党中央、国务院提出"扬长避短、发挥优势、保护竞争、促进联合"的方针，大力推动横向经济联合。1980 年 3 月，邓小平同志进一步指出，要"发挥比较优势，扬长避短，要承认不平衡"⑥。

当时，理论界对以牺牲效率目标为代价的区域经济平衡发展战略进行了批判，并强调把效率原则放到第一优先的地位，重新探讨了我国生产力布局体系。这样，就在全国范围内形成了一种区域经济非均衡发展的战略思潮。

（二）区域经济非均衡发展战略的提出

1980 年 1 月 16 日，邓小平同志在中央召集的干部会议上讲："我们在发展经济方面，正在寻求一条合乎中国实际的，能够快一点、省一点的道路，其中包括扩大企业自主权和民主管理，发展专业化和协作，在计划经济指导下发挥

---

① ② ④ ⑤　陈云. 陈云文选（1956—1985 年）［M］. 北京：人民出版社，1986.
③　房维中. 中华人民共和国经济大事记［M］. 北京：中国社会科学出版社，1984.
⑥　陆大道. 中国区域发展的理论与实践［M］. 北京：科学出版社，2003.

市场调节的辅助作用，先进技术和中等技术相结合，合理地利用外国资金、外国技术等等。""这些都是大事，我们不能急躁，也不能耽误时间。"①

　　当时国家财力物力很有限，只能集中精力办大事，不能面面俱到。1978年国内财政收入 1121 亿元，1979 年降到 1067 亿元，1980 年降到 1042 亿元，两年下降了近 80 亿元。1979 年出现了 170 亿元的财政赤字，1980 年出现了 127 亿元的财政赤字。为了解决当时出现的危险，不得不对国民经济实行进一步调整，主要是大幅度地压缩基本建设投资，总投资由 1980 年的 558 亿元减少到 1981 年的 442 亿元，其中预算内投资由 349 亿元减少到 251 亿元，一大批工程停建或缓建。经过调整，1982—1985 年财政收入转为上升。②1985 年财政收入达到 1866 亿元，实现了财政收支平衡。③ 1986 年财政赤字为 250 亿元以上，1987 年为 400 亿元以上，1988 年为 500 亿元以上，1989年为 600 亿元以上，1990 年的财政赤字已超过 1000 亿元。④

　　1981 年 12 月 22 日，陈云同志强调经济效率和全局意识很重要，他说："我们经济工作的另一个大方针：一、要使十亿人民有饭吃；二、要进行社会主义建设。……这里就包含着一个提高人民生活水平的原则界限：只有这么多钱，不能提高太多，必须做到一能吃饭二能建设。"⑤ 陈云说："广东、福建两省的深圳、珠海、汕头、厦门四个市在部分地区试办经济特区（广东不是全省特区，福建也不是全省特区），现在只能有这几个，不能增多特区。……既要看到特区的有利方面，也要充分估计到特区带来的副作用。……现在第一位的任务是认真总结经验。"⑥ "国家建设必须是全国一盘棋，必须按计划办事。……全国建设的进度，必须有先有后，有重有轻，按全国计划办事。"⑦

　　1982 年 3 月 4 日，赵紫阳同志在全国工业交通工作会议上讲话时说：

---

　　① 中共中央文献研究室．三中全会以来重要文献选编（上册）［G］．北京：中央文献出版社，2011.

　　② 房维中．房维中自选集［M］．北京：中央文献出版社，2015.

　　③ 马洪，孙尚清．现代中国经济大事典（第 1 卷）［M］．北京：中国财政经济出版社，1993.

　　④ 国世平．1989 年以来的中国经济形势分析［M］．香港：励志出版社，1993.

　　⑤⑥⑦ 中共中央文献研究室．三中全会以来重要文献选编（下册）［M］．北京：人民出版社，1982.

"邓小平同志曾经指出，注意经济效益是各项工作的一条十分重要的方针。我们应当在提高经济效益上挖潜力，求速度。去年（1981年）在五届人大四次会议上，国务院提出经济建设的十条方针，其核心就是提高经济效益。"① "在对外贸易上一定要坚持统一对外、联合对外……要以主要口岸为中心，组织同类产品出口的联营，加强协调，加强管理。特别是沿海九省市，按地区扩大外贸权力后，更要加强同类产品的联合对外，切实防止在外贸上自成体系的倾向，以免割断传统的、历史的协作关系。有关部门应当制定必要的办法，以中心城市、主要口岸为依托，加强协调和联合。"② "要关心老根据地、少数民族地区和边远地区。适合由当地生产的产品，要从技术、设备等方面给以支援和帮助，使这些地区的经济有更大的发展。"③

1982年5月，国家计划委员会、国家统计局为了正确处理沿海与内地的关系，促进我国国民经济的发展，明确规定了沿海与内地的具体范围。④ 1982年五六月，国务院领导人关于"六五"计划的讲话强调，"要考虑适当集中财力"，"进行重点建设"。1982年7月26日，邓小平说，集中使用资金，势在必行。

1982年9月，党的十二大报告提出，"今后二十年要在不断提高经济效益的前提下，力争使全国工农业的年总产值翻两番"⑤ "这几年来，国民经济在调整中仍然持续增长，成绩是很大的。但是，许多方面的经济效益还很差，生产、建设、流通领域中的浪费现象还十分惊人。" "在一九八一年到一九八五年的第六个五年计划期间，要继续坚定不移地贯彻执行调整、改革、整顿、提高的方针，厉行节约，反对浪费，把全部经济工作转到以提高经济效益为中心的轨道上来。"⑥ 1979—1982年，国家的财政收入有所减少。"要

---

①②③ 中共中央文献研究室. 三中全会以来重要文献选编（下册）[M]. 北京：人民出版社，1982.

④ 沿海地区包括辽宁、河北、北京、天津、山东、江苏、上海、浙江、福建、广东、广西壮族自治区等11个省区市，其余18个省和自治区则称为内陆。

⑤ 陈云. 陈云文选（1956—1985年）[M]. 北京：人民出版社，1986.

⑥ 《十一届三中全会以来历代党代会、中央全会报告 公报 决议 决定》编写组. 十一届三中全会以来历次党代会、中央全会报告 公报 决议 决定（上册）[M]. 北京：中国方正出版社，2008.

实现今后二十年的战略目标，必须由国家集中必要的资金，分清轻重缓急，进行重点建设。"①

1982年12月，"六五"计划（1981—1985年）② 正式提出了加快沿海地区建设的发展战略，从此中国区域经济发展的主要战略目标是逐步提高经济效益。

1984年2月24日，邓小平同志说："我们建立经济特区，实行开放政策，有个指导思想要明确，就是不是收，而是放"；"厦门特区地方划得太小，要把整个厦门岛搞成特区"；"除现在的特区之外，可以考虑再开放几个港口城市，如大连、青岛。这些地方不叫特区，但可以实行特区的某些政策。我们还要开发海南岛，如果能把海南岛的经济迅速发展起来，那是很大的胜利"。③

1984年10月，《中共中央关于经济体制改革的决定》④ 首先使用了沿海、内地、边疆的提法，使原有的关于沿海、内地的最高层次经济区划思想开始发生转变。

1984年11月，国务院提出"加快沿海地区的建设和发挥沿海地区的作用"。其主要内容是沿海地区坚持内引外联的方针；沿海地区农业的发展，要进一步转到从对外贸易的需要来考虑生产，特别是珠江三角洲和长江三角洲应当如此；我国经济体制改革，将通过特区—开放城市、经济开发区—内地这样多层次的探索和实践，滚动式地由外到内，由沿海到内地逐步推进。⑤

1984年12月和1985年初，国家计划委员会有关方面负责人就三大地带划分问题提出了具体方案。第七个五年计划正式采纳了东部、中部和西部三

---

① 《十一届三中全会以来历代党代会、中央全会报告 公报 决议 决定》编写组.十一届三中全会以来历次党代会、中央全会报告 公报 决议 决定（上册）[M].北京：中国方正出版社，2008.

② 1982年12月10日，第五届全国人民代表大会第五次会议批准《中华人民共和国国民经济和社会发展第六个五年计划》。

③ 邓小平.邓小平文选（第三卷）[M].北京：人民出版社，1993.

④ 该决定在中共中央十二届三中全会上通过。

⑤ 马洪，孙尚清.现代中国经济大事典（第1卷）[M].北京：中国财政经济出版社，1993.

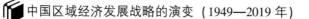

大地带划分的方案。① 1991年通过的第八个五年计划和十年规划设想仍沿用此三大地带的划分方案。②

1985年9月23日，中共中央关于制定国民经济和社会发展第七个五年计划提出以下建议："正确处理我国东部、中部、西部三个经济地带的关系，充分发挥它们各自的优势和发展它们相互间的横向经济联系，逐步建立以大城市为中心的、不同层次、规模不等、各有特色的经济区网络"；"要加速沿海东部地区的发展，同时把能源、原材料建设的重点放到中部，并积极做好进一步开发西部地区的准备"。③

1986年4月12日，中华人民共和国第六届全国人民代表大会第四次会议通过的"七五"计划进一步将全国划分为东部、中部、西部三大经济地带，提出"'七五'期间以至90年代，要加速东部沿海地带的发展，同时把能源、原材料建设的重点放到中部，并积极做好进一步开发西部地带的准备"。"七五"计划强调，要正确处理好东部、中部和西部这三个经济地带的关系，要把东部沿海地区的发展同中西部的逐步开发很好地结合起来，要让这三个经济带相互支持，互相促进，共同发展。④

1986年8月19日至21日，邓小平同志在天津听取汇报和进行视察时，说："我的一贯主张是，让一部分人、一部分地区先富起来，大原则是共同富裕。一部分地区发展快一点，带动大部分地区，这是加速发展、达到共同富裕的捷径。"⑤

1987年10月25日，中国共产党第十三次全国代表大会的报告指出，我国"矛盾的焦点是经济活动的效益太低。只有在提高经济效益上扎扎实实地

---

① 东部地区包括辽宁、河北、北京、天津、山东、江苏、上海、浙江、福建、广东、广西壮族自治区等11个省区市，中部地区包括黑龙江、吉林、内蒙古、山西、河南、安徽、江西、湖北、湖南等9省区，西部地区包括陕西、宁夏、甘肃、青海、新疆、四川、云南、贵州、西藏等9省区，1988年成立的海南省属于东部地区。

② 马洪、孙尚清. 现代中国经济大事典（第1卷）[M]. 北京：中国财政经济出版社，1993.

③ 《十一届三中全会以来历次党代会、中央全会报告 公报 决议 决定》编写组. 十一届三中全会以来历次党代会、中央全会报告 公报 决议 决定（上册）[M]. 北京：中国方正出版社，2008.

④ 刘江. 中国地区经济发展战略研究 [M]. 北京：中国农业出版社，2003.

⑤ 邓小平. 邓小平文选（第三卷）[M]. 北京：人民出版社，1993.

做好工作，争取年年有所进步，才能逐步缓解我国人口众多、资源相对不足、资金严重短缺等矛盾，保证国民经济以较高的速度持续发展"①。"必须继续巩固和发展已初步形成的'经济特区—沿海开放城市—沿海经济开放区—内地'这样一个逐步推进的开放格局。从国民经济全局出发，正确确定经济特区、开放城市和地区的开发与建设规划，着重发展外向型经济，积极开展同内地的横向经济联合，以充分发挥它们在对外开放中的基地和窗口作用。"②党的十三大报告进一步提出了东部、中部、西部要"各展所长，并通过相互开放和平等交换，形成合理的区域分工和地区经济结构"的指导方针。

1984—1988 年，国民收入平均每年增长 12%，全社会固定资产投资平均每年增长 25.7%，城镇居民货币收入平均每年增长 24%。"投资需求和消费需求双膨胀，在很大程度上是靠吃老本，靠打赤字和大量发票子，靠举借内债和外债支持的。"③据国家统计局计算，社会总需求和社会总供给的差额，1983 年为 265 亿元，1988 年扩大到 2243 亿元，当年供需差率由 4.6% 扩大到 16.2%。1983 年底，全国货币流通量 530 亿元，1988 年增加到 2134 亿元，5 年增加了 3 倍。④1989—1991 年三年治理整顿，中心是治理通货膨胀。

在"七五"计划时期，由于广大内陆地区资源开发投资严重不足，资源要素供给在需求日益增加的情况下愈发短缺，为了抢夺资源和市场，东部沿海与内陆地区之间的矛盾进一步加剧。为解决这些矛盾，1988 年初，中共中央、国务院决定充分利用外资大力发展外向型经济，积极推动东部沿海地区发展乡镇企业，通过在国际市场购买原材料和销售产品，进一步参与国际分工。1988 年 3 月，为了带动内陆经济发展，中国正式提出以"两头在外、大进大出"为原则的沿海地区经济发展战略⑤。

---

①②　《十一届三中全会以来历代党代会、中央全会报告 公报 决议 决定》编写组．十一届三中全会以来历次党代会、中央全会报告 公报 决议 决定（上册）[M]．北京：中国方正出版社，2008.

③④　房维中．房维中自选集 [M]．北京：中央文献出版社，2015.

⑤　其基本思想是：沿海开放地区要有领导、有计划、有步骤地走向国际市场，进一步参与国际交换和国际竞争，大力发展外向型经济，从而加快沿海地区的经济发展，带动内陆经济振兴。

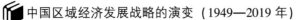

1988 年 3 月 15 日，党的十三届二中全会工作报告的第三部分是关于加快沿海地区经济发展。

1988 年中华人民共和国第七届全国人民代表大会第一次会议通过的政府工作报告提出，要不失时机地加快实施沿海地区经济发展战略，沿海地区要实行"两头在外"，参加国际交换，并积极发展沿海和内陆横向经济联合，带动中部和西部地区的经济发展。

1988 年 9 月 12 日，邓小平同志在听取关于价格和工资改革初步方案汇报时说："现在的局面看起来好像很乱，出现了这样那样的问题，如通货膨胀、物价上涨，需要进行调整，这是不可少的。但是，治理通货膨胀、价格上涨，无论如何不能损害我们的改革开放政策，不能使经济萎缩，要保持适当的发展速度。"① "沿海地区要加快对外开放，使这个拥有两亿人口的广大地带较快地先发展起来，从而带动内地更好地发展，这是一个事关大局的问题。内地要顾全这个大局。反过来，发展到一定的时候，又要求沿海拿出更多力量来帮助内地发展，这也是个大局。那时沿海也要服从这个大局。这一切，如果没有中央的权威，就办不到。"②

邓小平指出，实施沿海发展战略，要放胆地干，加快步伐，千万不要贻误时机。赵紫阳指出，实施沿海发展战略，决不意味着内陆在发展外向型经济方面无所作为。沿海搞"两头在外"也不是绝对的，而且有个发展过程，内陆能够提供的资源仍然要用，沿海与内陆应继续大力发展横向经济联系，积极开发内陆资源。内陆许多"三线"企业，技术力量比较雄厚，应充分发挥他们的潜力。这些问题，都要全面地看，实事求是地分析和处理。

李鹏提出："实施沿海经济发展战略的同时，必须统筹规划全国的经济发展"，亦说"内地要利用沿海地区发展外向型经济的机会，促进本地经济的发展，……在对外开放中迈出新的步子。"③ 这是将沿海开放置于全国经济发展之内。

---

①② 邓小平. 邓小平文选（第三卷）[M]. 北京：人民出版社，1993.

③ 黄小励. 李鹏的报告更接近中国现实——访香港浸会学院经济系讲师胡敦霭 [J]. 经济导报，1988（13）：12-13.

第二节 区域经济非均衡发展战略的主要内容

1979—1990 年，为了尽快提高经济增速，大幅提升经济效益，不断壮大经济实力，我国采取了优先支持东部沿海地区经济发展的非均衡发展战略。①

"六五"计划（1981—1985 年）第三编为地区经济发展计划，把全国明确分为沿海地区、内陆地区和少数民族地区加以规划。"六五"计划指出，沿海地区的多数省、市比较发达，"要积极利用沿海地区的现有基础，充分发挥它们的特长，带动内地经济进一步发展"：一是要发挥科研力量、技术水平和管理水平的优势，使工业生产朝着高、精、尖、新的方向发展；二是要逐步缓和能源、交通紧张状况，以有效地发挥社会需要的工业产品的生产能力；三是要运用有利条件，积极扩展对外经济贸易；四是要发挥自然资源优势，大力发展农业生产。"六五"计划指出，"要在加快沿海地区经济发展的同时，努力发展内地经济"②。"六五"计划指出，"要继续积极支持和切实帮助少数民族地区发展生产，繁荣经济"③。"六五"计划指出，"要在总结经验的基础上，有计划有步骤地开展地区经济技术协作"。部分地区要编制国土开发整治规划，首先对长江三角洲地区、以山西为中心的能源重化工基地进行经济区规划。④

"七五"计划时期（1986—1990 年），为使地区协作同国家计划更好地衔接，制订了协作计划⑤，拟定了国土专项规划，包括土地利用总体规划、

---

① 因为东部沿海地区具备区位优势和较好的经济条件，所以经济效益好。

② 一是要加快能源、交通和原材料工业建设，支援沿海地区经济的发展。二是要对现有机械工业进行调整、改组和配套。三是要提高日用工业品的自给水平。四是要充分发挥内地的农业生产潜力。

③ 一是要发挥农牧业优势，努力增产农畜产品。二是要根据资源的特点，有计划地加强工业建设。三是要发展民族特需用品生产，改善民族贸易。四是要继续从财力、物力和技术力量等方面给少数民族地区以扶持。

④ 刘江. 中国地区经济发展战略研究［M］. 北京：中国农业出版社，2003.

⑤ 地区协作实行中央和地方分级管理，以地方为主的原则。

海洋综合开发规划、城市布局规划、环境综合整治规划、重要江河流域综合规划、水资源综合利用规划和中长期供求规划等，颁布了一批国土法律、法规。"七五"计划提出，要对"三线建设"项目进行调整和改造。

"七五"计划提出，要进一步推动全国一级经济区①网络、二级经济区网络②和三级经济区网络③的形成和发展。"七五"计划提出，要继续贯彻"控制大城市规模，合理发展中等城市，积极发展小城市"的方针，有重点地发展一批中、小城市。到"七五"末期，我国设市的城市达400余个，建制镇发展到了1万多个。④

一、国家投资布局重点的东移

从全民所有制的基本建设投资分布来看，1979—1988年国家投资布局的重点在东部沿海，而且这种重心东移的趋势在这一时期逐步加强。沿海地区的基本建设投资占全国的比重从1976—1980年的46%，提升到1981—1985年（"六五"时期）的50.5%，又进一步上升到1986—1988年的55.8%。⑤

在"六五"时期，全国完成投资共计5331亿元，其中绝大部分投资是在东部沿海地区完成⑥，西部地区投资仅占总投资的17.2%，比三线建设的"三五"时期的34.9%降低了一半。⑦从表3-1可见，与"五五"时期相比，"六五"时期沿海地区在全国基本建设投资总额中所占比重提高了5.5%，而内陆地区在全国基本建设投资总额中所占比重则下降了3.5%。"六五"时期，我国在东部沿海地区，重点是加强上海、天津、大连等20个城市的轻纺工业基地建设和大中城市已有纺织、机械、电子等工业企业的技术改造。

---

① 一级经济区是指上海经济区、东北经济区、以山西为中心的能源基地、京津唐地区、西南四省（区）等。
② 二级经济区网络以省会城市和一批口岸与交通要道城市为中心。
③ 三级经济区网络以省辖市为中心。
④ 马洪，孙尚清. 现代中国经济大事典（第1卷）[M]. 北京：中国财政经济出版社，1993.
⑤ 陈栋生. 区域经济研究的新起点 [M]. 北京：经济管理出版社，1991.
⑥ 这一时期中国生产力布局基本上是以提高经济效益为中心，向优势地区——东部沿海倾斜。
⑦ 马洪，孙尚清. 现代中国经济大事典（第3卷）[M]. 北京：中国财政经济出版社，1993.

在内陆地区，"六五"期间的重点是加强能源、原材料基地建设和"三线"地区已有机械工业的调整、改组和配套。①

"七五"前期，沿海与内陆投资之比由 1985 年的 1.07∶1 提高至 1988 年的 1.36∶1，国家投资布局重点进一步向东部沿海倾斜。② 1989—1991 年，我国曾一度加大了对内陆能源和原材料等重点产业的投资力度，也适当提高了内陆地区在全国基本建设投资总额中所占的比重。③ 即便如此，如表 3-1 所示，"七五"时期，沿海地区在全国基本建设投资总额中所占比重还是高达 51.30%，比"六五"时期的 47.70% 高出 3.60%，比"五五"时期的 42.20% 高出 9.10%。④

表 3-1　"一五"至"九五"时期沿海与内陆基本建设投资所占比重　　单位：%

地区	"一五"时期	"二五"时期	1963—1965 年	"三五"时期	"四五"时期	"五五"时期	"六五"时期	"七五"时期	"八五"时期	"九五"时期
沿海	36.90	38.40	34.90	26.90	35.50	42.20	47.70	51.30	52.90	52.30
内陆	46.80	56.00	58.30	64.70	54.40	50.00	46.50	39.90	38.20	40.20
沿海/内陆	0.79	0.69	0.60	0.42	0.65	0.84	1.03	1.29	1.38	1.30

注：因为全国统一购置的机车车辆、船舶、飞机等不分具体地区投资，未划到某一具体区域范围内，所以沿海地区与内陆地区投资比重之和小于 100%。

资料来源：陆大道. 中国区域发展的理论与实践［M］. 北京：科学出版社，2003.

1985 年，全社会固定资产投资在东部、中部、西部的分配比例是：东部占 52.6%，中部占 31.1%，西部占 16.3%。⑤ "七五"时期，我国经济建设

① 这期间全国更新改造投资总额中，东部沿海地区占 51.5%，内陆地区仅占 45.8%，其中辽宁、上海、广东、四川、山东、江苏六省市的更新改造投资额占到了全国的 40%。
② 从 1985 年到 1988 年，在全国基本建设投资的地区分配中，沿海地区所占比重由 48.8% 提高至 53.2%，内地所占比重由 45.0% 下降至 39.9%。
③ 1990 年在全国基本建设投资的地区分配中，沿海地区占 50.9%，内陆地区占 40.1%（由于部分交通等基础设施投资是不分地区的，因此沿海与内陆投资之和不等于 100%），沿海与内陆投资之比下降至 1.27∶1。
④ "七五"时期，沿海地区与内陆地区的基建投资之比仍高达 1.29∶1，比"六五"时期的 1.03∶1 高出了许多，比"五五"时期的 0.84∶1 高出了更多。
⑤ 马洪，孙尚清. 现代中国经济大事典（第3卷）［M］. 北京：中国财政经济出版社，1993.

重心在东部沿海地带，同时加强对中部某些资源和原材料富集省份的投资。全社会固定资产投资在东部、中部、西部的分配是：东部10643.4亿元，占全国的56.5%；中部5430.98亿元，占全国的28.8%；西部2810.53亿元，占全国的14.7%。无论是资源区、混合区还是加工区，投资重点都放在基础产业和原材料工业上。①

从表3-2中可见，1985—1990年，六年中年际间数据虽有波动，但总的趋势是东部投资比重基本上呈上升之势，中部和西部有升有降，但总降幅大于升幅。沿海部分经济比较发达省市如江苏、浙江、上海、广东等占全国的投资比重逐年上升。

表3-2　1985—1990年我国东部、中部、西部地区投资占比情况　　　单位：%

地区 ＼ 年份	1985	1986	1987	1988	1989	1990
东部	52.6	52.2	57.7	57.7	50.2	59.0
中部	31.1	28.8	27.6	27.0	34.9	25.9
西部	16.3	19.0	14.7	14.3	14.9	15.1
全国	100.0	100.0	100.0	100.0	100.0	100.0

资料来源：马洪，孙尚清.现代中国经济大事典（第3卷）［M］.北京：中国财政经济出版社，1993.

二、实施沿海对外开放政策

为尽快搞活经济，中国于1978年底确定实行改革开放，并于1979年决定在广东省和福建省实行特殊政策加快改革开放脚步，与此同时，在这两个东南沿海省份采取灵活措施不断提高改革开放水准。

20世纪80年代，我国通过设立沿海经济特区、经济技术开发区、福建台商投资区和上海浦东新区，并从南到北开放一系列沿海港口城市，成功打

---

① 马洪，孙尚清.现代中国经济大事典（第3卷）［M］.北京：中国财政经济出版社，1993.

造了一片沿海对外开放地带。

（一）对广东、福建两省实行特殊政策、灵活措施

中央决定从1980年起在广东省实行定额上解的财政体制，在福建省实行财政补助的特殊优惠政策。当时确定广东省每年上解12亿元，在执行中，地方财政收入增加或财政支出结余，全部留归广东省使用，对福建省则每年补助1亿元。1980年3月，重新核定广东每年上交10亿元，福建每年补助1.5亿元。①

广东、福建两省靠近中国的香港、澳门和台湾，海岸线长，又是著名侨乡，资源比较丰富，具备加快改革步伐、加速发展经济的许多特殊便利条件。国家对广东、福建两省实行特殊政策和灵活措施，并在广东、福建两省的特定地区设置经济特区，这非常有利于广东、福建两省吸引外资，引进先进技术，参与国际分工，增加出口，尽快把经济搞上去。

（二）设立经济特区，加快经济发展

1980年8月26日，全国人大常委会会议批准《广东省经济特区条例》②，鼓励外国客商在我国经济特区投资设厂，"或与我方合作设厂"，决定在深圳、珠海、汕头设置经济特区。1980年10月，国务院批准建立厦门经济特区。经济特区实行特殊的经济政策和特殊的管理体制。"经济特区的投资项目建设，必须符合发展规划的要求。要充分利用现有基础，把那些投资少、周转快、收效大的项目搞起来，边生产边发展"③。

1983年4月，国务院决定充分利用海南岛的区位优势，通过在海南实行

---

① 1979年7月，中共中央、国务院批转《广东省委 福建省委关于对外经济活动实行特殊政策和灵活措施的两个报告》，正式批准广东、福建两省在对外开放经济活动中实行"特殊政策和灵活措施"，同意在广东省深圳、珠海、汕头和福建省厦门试办出口特区。1980年5月，中共中央、国务院《关于〈广东 福建两省会议纪要〉的批示》中将出口特区改称为经济特区。

② 1980年8月21日至26日举行的第五届全国人民代表大会常务委员会第十五次会议批准了《广东省经济特区条例》。

③ 江泽民. 江泽民文选（第一卷）[M]. 北京：人民出版社，2006.

"特区政策"①，加快对海南的开发建设。

深圳、珠海、汕头、厦门和海南经济特区（1988 年 4 月获批）以开放的态度灵活地贯彻落实国家给予的优惠政策，通过充分利用外资，并不断引进先进技术，大力发展外向型经济，成效明显，很好地发挥了示范效应和辐射带动的"枢纽"功能。② 1990 年，深圳、珠海、汕头、厦门四个经济特区已建成包括电子、轻工、纺织、食品、建材、机械、化工等行业外商投资企业 3300 多家，内联企业 6200 多家，积极参与国际市场竞争的能力大大增强。③ 1989—1991 年，海南省的社会总产值由 140.8 亿元增加到 184 亿元，工农业总产值从 52.5 亿元增加到 123 亿元。④

（三）开放沿海港口城市

1984 年，我国沿海增加 14 个对外开放港口城市⑤，实行"特区优惠政策"⑥，成效明显。从 1984 年到 1990 年，这 14 个城市已批准外商投资企业 6000 多家，协议外商投资近 95 亿美元，外商实际投资 36 亿美元，已投产经营的外商投资企业 3000 多家。⑦ 我国沿海开放城市通过大力发展外向型经济，实现了工业产值的高速增长。⑧

---

① 即实行类似经济特区的政策，通过在政策上给予海南岛较多的自主权。1988 年 4 月 13 日，第七届全国人民代表大会第一次会议正式通过《关于设立海南省的决定》和《关于建立海南经济特区的决议》，批准海南岛为海南经济特区，实行更加开放灵活的经济政策。

② 1986 年 2 月，国务院提出，我国经济特区应发展以工业为主、工贸结合的外向型经济，更好地发挥"四个窗口"（技术、知识、管理和对外政策）和"两个扇面"辐射（对内和对外）的"枢纽"作用。

③ 马洪，孙尚清. 现代中国经济大事典（第 1 卷）［M］. 北京：中国财政经济出版社，1993.

④⑧ 魏达志. 递进中的崛起：中国区域经济发展考察（1979—2009）［M］. 上海：东方出版中心，2010.

⑤ 1984 年 3 月 26 日至 4 月 6 日，根据邓小平要"办好经济特区，增加对外开放城市"的意见，中央书记处和国务院召开了沿海部分城市座谈会，会议决定对外开放大连、秦皇岛、天津、烟台、青岛、连云港、南通、上海、宁波、温州、福州、广州、湛江、北海等 14 个沿海港口城市。

⑥ 例如：放宽地方管理权限，扩大其对外开展经济活动的权力；兴办经济技术开发区，引进中国急需的先进技术；对外商投资提供优惠政策等。

⑦ 马洪，孙尚清. 现代中国经济大事典（第 4 卷）［M］. 北京：中国财政经济出版社，1993.

1984—1988 年，我国又在东部沿海地区先后设立 14 个经济技术开发区①，实行"类似特区政策"，成效也很突出。到 1990 年 6 月，14 个经济技术开发区累计实现工业产值达 149.5 亿元，其中 1990 年完成的工业产值达 87.6 亿元。②

（四）开辟沿海经济开发区

按照邓小平同志的地缘经济战略设想，国务院从 1985 年 2 月决定同时开辟长三角、珠三角和闽南厦漳泉三角地区为沿海经济开发区起，又先后于 1986 年 9 月和 12 月、1987 年、1988 年 1 月多次调整沿海经济开发区的具体范围，陆续开放了一大批市县。沿海经济开发区因享有"特区优惠政策"，经济实力逐步增强。

1988 年 2 月，中共中央政治局提出在我国东部 12 个省市区"实行外向型经济发展战略"③。邓小平同志要求这 12 个省市区"放胆地干，加速步伐，千万不要贻误时机"。1988 年 3 月，国务院发出《关于进一步扩大沿海经济开放区范围的通知》，开放胶东半岛、辽东半岛以及南京、沈阳等地的 140 个市县。④

（五）设立浦东新区和台商投资区

1989 年 5 月，国务院批准在福建省设立台商投资区⑤。

---

① 从 1984 年到 1988 年，国家先后设立了大连、秦皇岛、天津、烟台、青岛、连云港、南通、宁波、福州、广州、湛江、上海虹桥、闵行、漕河泾等 14 个经济技术开发区，实行类似经济特区的政策。

② 魏达志. 递进中的崛起：中国区域经济发展考察（1979—2009）[M]. 上海：东方出版中心，2010.

③ 1988 年 2 月 6 日，根据赵紫阳等人的意见，中共中央政治局提出包括首都北京在内的沿海 12 个省区市"实行外向型经济发展战略"，邓小平表示"完全赞成"。

④ 从 1988 年提出沿海地区经济发展战略到 1992 年，我国东南沿海形成了一个横跨 12 个省区市的 200 多个县、市，总面积达 42 万平方千米的经济开放地带。

⑤ 其具体范围包括厦门特区及厦门市辖的海沧、杏林地区，还有福州马尾经济技术开发区内未开发部分（约 1.8 平方千米）。1992 年，国务院又批准设立厦门集美台商投资区。在这些台商投资区兴办台资企业，可享受经济特区或经济技术开发区的优惠政策。

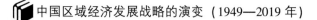

1990 年 6 月，中央批准建立浦东新区。①

沿海经济发展战略实施以后，我国东南沿海开放地区的范围得以迅速扩大。到 1990 年，沿海开放地区已包括 290 个市县，土地面积 42 万平方千米，人口达 2.1 亿人。1985—1989 年，国家向沿海开放城市和经济特区投放了开发性贷款共 27.47 亿元，绝大部分用于经济技术开发区的基础设施建设。同时国家还制定颁布涉外经济法规 20 多项，初步建成较为完善的涉外法律体系。②

通过实行一系列优惠政策和加强对沿海地区的投资，沿海开放地区潜在的经济基础、人力资源和进入国际市场的能力等优势迅速发挥出来。20 世纪 80 年代，东部地区的发展势头开始明显超过中西部地区。特别是在外向型经济方面，无论是吸引外资还是外贸进出口总额，沿海地区都占全国的 85%～90%。③

这一时期，我国在东部沿海地区积极打造前沿开放阵地④，成效非常明显。"七五"末期，仅深圳、珠海、汕头、厦门四个经济特区累计建成外商直接投资项目和实际利用外资金额均占全国 1/4 左右。⑤

三、实行国家扶贫开发政策

1979 年 9 月 28 日，中国共产党第十一届中央委员会第四次全体会议通过的《中共中央关于加快农业发展若干问题的决定》第二部分是关于发展农业生产力的 25 项政策和措施，其中第二十三项指出："我国西北、西南一些地区以及其他一些革命老根据地、偏远山区、少数民族地区和边境地区，长

---

① 孙学文. 经济特区—沿海开放城市—沿海经济开发区—先富起来的对外开放前沿地带 [J]. 党史文汇，1999（8）：2-6.

②⑤ 马洪，孙尚清. 现代中国经济大事典（第 1 卷）[M]. 北京：中国财政经济出版社，1993.

③ 陆大道. 中国区域发展的理论与实践 [M]. 北京：科学出版社，2003.

④ 前沿开放阵地，逐步成为我国对外贸易的基地、培养和向全国输送高级技术和管理人才的基地、向全国提供咨询和信息的基地，为我国确立对外开放格局和实施沿海地区发展外向型经济的战略，展开了十分有效的探索。

期低产缺粮，群众生活贫困"；"这些地方生产发展快慢，不但是个经济问题，而且是个政治问题"。因此，国家要"从财政、物资和技术上给这些地区以重点扶持，帮助它们发展生产，摆脱贫困"。"对其他地区的穷社穷队，也要帮助他们尽快改变面貌。国家支援穷队的资金，要保证用于生产建设。"①

根据中共中央、国务院《关于帮助贫困地区尽快改变面貌的通知》（中发〔1984〕19 号）和国务院《批转国家民委、国务院贫困地区经济开发领导小组〈关于少数民族地区扶贫工作有关政策问题的请示〉的通知》（国发〔1989〕62 号），以及国务院批转国务院贫困地区经济开发领导小组《关于90 年代进一步加强扶贫开发工作请示的通知》（国发〔1990〕15 号）等文件精神，国家对扶持贫困地区经济开发采取了以下主要措施：①对贫困地区实行比一般地区更灵活、更宽松的经济政策；②实行财政、税收、信贷方面的优惠政策；③增加扶贫资金投入；④增加扶贫物资投入；⑤其他方面的优惠政策。②

1980—1990 年，国家不断增加扶贫资金投入。③ 与此同时，实行以工代赈，制定相关优惠政策，减轻贫困地区负担，支持贫困地区兴办开发性企业。到"七五"末期，我国农村贫困人口数量减少到 8500 万。④

四、进一步完善民族地区政策

在 1979 年全国边防工作会议上，确定由较发达的省区市对口支援民族省、区。⑤ 1983 年之后，国家又相继批准了四川、浙江、上海、天津与西藏自治区，湖北、辽宁、武汉、沈阳与青海，广东与贵州，上海与新疆维吾尔自治区为对口支援单位。至此，已有 22 个省、自治区、直辖市参加了对口

---

① 中共中央文献研究室 . 三中全会以来重要文献选编（上册）［M］. 北京：中央文献出版社，2011.

② 马洪，孙尚清 . 现代中国经济大事典（第 1 卷）［M］. 北京：中国财政经济出版社，1993.

③④ 陆大道 . 中国区域发展的理论与实践［M］. 北京：科学出版社，2003.

⑤ 即北京支援内蒙古自治区，河北支援贵州，江苏支援广西壮族自治区、新疆维吾尔自治区，山东支援青海，天津支援甘肃，上海支援云南、宁夏回族自治区，全国支援西藏。

支援工作。在开展跨省区市的对口支援的同时，一些省区市还开展了省内较发达地区对民族地区和贫困地区的对口支援工作，例如四川省、山东省、湖北省、辽宁省等先后组织了省内的对口支援。①

与此同时，对少数民族自治区和视同民族自治区待遇的省实行财政补贴政策，对边远地区的民族贸易企业给予低息贷款、利润留成等方面的照顾，对少数民族自治地区给予外汇留成和税收减免等方面的优惠待遇。② 国家"七五"计划第十九章专门针对老、少、边、穷地区的经济发展提出，国家要继续加大资金扶持力度，要继续减轻其税收负担，要进一步组织发达地区和城市对其开展对口支援工作。③

第三节 区域经济非均衡发展
战略的政策效应

1979—1990年，加速沿海地区发展的区域经济非均衡发展战略的实施，由东部沿海地区利用比较优势领先发展，再推动其他地区的经济发展，减轻了初期的资金需求压力，加速了经济发展步伐。沿海地区的开放发展有力地带动了我国整体经济实力的迅速提升，增强了我国参与全球竞争的能力，为我国进一步推进改革开放和建立社会主义市场经济体制积累了宝贵经验。

第一，对外贸易取得巨大发展，推动了国民经济加速发展。1988年的贸易总额比1978年增长近5倍，其中出口贸易增长4.9倍，进口贸易额增加5.1倍。对外贸易总额激增的同时，出口商品结构逐渐优化。农业初级产品的比重从53.5%下降到30.4%，而工业制成品的比重则从46.5%上升为

---

① 马洪，孙尚清. 现代中国经济大事典（第1卷）[M]. 北京：中国财政经济出版社，1993.

② 中央财政拨出各种民族地区和边境地区专项补助款，如少数民族地区补助费、民族机动金、边疆建设事业补助费和边境地区基本建设专款等，支持少数民族地区的发展。

③ 总之，1979—1990年，虽然国家把投资布局和政策支持的重点放在了东部沿海地区，但仍然在人力、物力、财力和技术等方面对少数民族地区给予了相应支持，并在政策上给予了特殊照顾。

69.6%。对外贸易的发展推动了国民经济的增长，这可从我国国民经济对国际贸易的依存度中看出。20 世纪 50 年代至 20 世纪 70 年代，我国对外贸易依存度在 20 世纪 50 年代平均为 4.3%，20 世纪 60 年代平均为 3.6%，20 世纪 70 年代平均为 4.6%。[①]"六五"时期，我国对外贸易依存度为 17.8%，"七五"时期上升到 26.4%。[②]

第二，引进了一些普遍应用于国民经济各个领域的较为先进的技术，使我国的一些主要产业如石油勘探开发、电力、采矿、冶金、电子、机械、化工、纺织等的设备制造技术都取得了重大进展。

第三，"三资"企业发展很快。1987 年在各地登记的"三资"企业的投资总额为 717.4 亿元，1988 年为 1231.19 亿元，增长 71.6%。[③]投资主体多元化、所有制结构多元化市场体系的建立，使各地区经济发展呈现活跃态势和不同的特色。

第四，通过大规模利用外资及发展对外贸易，沿海地区经济持续高速增长，经济结构不断升级优化，加快了中国经济国际化的步伐。珠江三角洲迅速崛起。"六五"期间，珠江三角洲经济开发区工农业生产值从 83.43 亿元增长到 197.86 亿元，年平均增长 18.9%，大大超过了全省的 13.7% 和全国的 10% 速度，工业产值在工农业生产总值中的比重从 57.30% 增加到 81.52%，佛山的工业比重更增加到 89.11%。珠江三角洲已基本摆脱农业社会，成为初步工业化经济区域。[④] 1990 年，深圳工农业总产值 48.3 亿元，其中工业总产值 42.3 亿元，对外贸易总额为 29.96 亿美元，其中进口总额为 24.75 亿美元，完成固定资产投资总额已达 258315 万元；珠海社会生产总值 84 亿元，工农业总产值 48.66 亿元，其中工业总产值 45.39 亿元；汕头累计完成固定资产投资 22.55 亿元，其中生产性设施建设投资 16.8 亿元，占投资总额的 74%；厦门国民收入已达 36.82 亿元，工业总产值为 53.95 亿

---

①②③ 《中国经济发展史》编写组．中国经济发展史（1949—2010）（第一卷）．[M]．上海：上海财经大学出版社，2014.

④ 杨振汉，冯邦彦，梁秩森．珠江三角洲的崛起及其启示（上）[J]．经济导报，1988（15）：6.

元，农业总产值 1.3 亿元。[①]

第五，中国在海外投资办企业的规模日益扩大，促进了国内经济发展。到 1988 年，中国已在 79 个国家和地区开办非贸易性企业 526 个。这些企业的开办补充了国内短缺的资源，为国内引进了先进技术和设备，协助国内企业扩大出口，推动了外商向国内投资。所有这些，都有力地促进了国民经济的发展。[②]

一、国民经济加速发展

1979—1990 年，我国实行对内改革、对外开放的政策，充分利用沿海地区的优势，加大支持力度，地区经济得到空前发展，经济实力显著增强。1990 年，国民生产总值达到 17686 亿元，比 1978 年的 3588 亿元增长了 3.9 倍，扣除物价上涨因素，实际增长 1.74 倍，平均每年递增 8.8%，高于 1953—1978 年 26 年每年递增 6.1%的水平。1990 年，国民收入达到 14429 亿元，比 1978 年的 3010 亿元增长了 3.79 倍，扣除物价上涨因素，实际增长 1.63 倍，平均每年递增 8.4%，增长率超过前 26 年（1953—1978 年）2.4 个百分点。[③]"中国在这一时期所取得的经济增长速度，远远高于改革前的速度，其中 1984—1988 年国民收入平均增长速度比 1953—1978 年高 5.2 个百分点。除个别年份低于韩国外，中国 1984—1988 年的增长速度也高于同期日本、美国等经济发达国家。"[④]

"六五"时期，我国 GDP 增长速度为 10.7%，居民实际消费水平的年平均增长速度达到 8.7%。1981—1985 年，工农业总产值平均每年增长 11%，国民收入平均每年增长 9.7%；扣除物价上涨因素，农民人均收入平均每年增长 13.7%，城镇职工家庭人均收入每年增长 6.9%，人民生活得到显著改善。[⑤]

从表 3-3 中可见，1980—1988 年，我国社会总产值、工农业总产值、国

①③⑤ 马洪，孙尚清．现代中国经济大事典（第 1 卷）［M］．北京：中国财政经济出版社，1993.

② 《中国经济发展史》编写组．中国经济发展史（1949—2010）（第一卷）［M］．上海：上海财经大学出版社，2014.

④ 国世平．1989 年以来的中国经济形势分析［M］．香港：励志出版社，1993.

民收入、进出口总额均有较大增长。1988年，社会总产值达到29847.0亿元，比1978年的6848.0亿元增加了3.36倍；国民收入达到11770.0亿元，比1978年的3010.0亿元增长了2.91倍。

表3-3　社会总产值、工农业总产值、国民收入、进出口总额情况

单位：亿元

项目＼年份	1978	1980	1982	1983	1984	1985	1986	1987	1988
社会总产值	6848.0	8531.0	9963.0	11052.0	13004.0	16309.0	18961.0	23081.0	29847.0
工农业总产值	5634.0	7077.0	8291.0	9209.0	10797.0	13336.0	15207.0	18489.0	24089.0
国民收入	3010.0	3688.0	4247.0	4673.0	5643.0	6822.0	7780.0	9361.0	11770.0
进出口总额	355.1	570.0	772.0	860.5	1201.0	696.1	738.5	826.5	1027.9

注：本表价值量指标均按当年价格计算；进出口总额1978—1980年为原外贸部统计数，1982—1988年为海关统计数。

资料来源：《中国经济发展史》编写组.中国经济发展史（1949—2010）（第一卷）［M］.上海：上海财经大学出版社，2014.

1989年和1990年的国民生产总值分别增长3.9%和5%。"七五"时期，国民生产总值年均增长7.8%，国民收入年均增长7.5%；工农业总产值平均每年增长11.3%，农业总产值年均增长4.6%，工业总产值年均增长13.1%；城镇居民人均生活费收入平均每年实际增长4.1%，农民人均实际收入平均每年实现增长4.2%。[①]

从投资效果来看，如表3-4所示，无论在哪个计划时期，西部地区的投资效果均低于全国平均水平，而东部沿海地区的投资效果都明显高于全国平均水平。换句话说，西部地区投资效益较差，一直是影响全国投资效益的重要因素。与东部沿海地区相比，西部地区在投资环境、生产力布局、资源配置、产业结构、技术条件、管理水平及劳动力素质等诸多方面都存在较大的差距。西部地区主要依靠中央指令性计划，由国家投入巨大的基本建设资

---

① 马洪，孙尚清.现代中国经济大事典（第1卷）［M］.北京：中国财政经济出版社，1993.

金，直接嵌入项目进行开发，很容易造成投资效益低下，高度依赖国家投资的问题。因此，在经济实力非常有限的改革开放初期，我国采取优先发展东部沿海地区的非均衡战略是合理的明智之举。

表3-4 "一五"至"八五"时期东部、西部地区投资效果比较

地区	"一五"时期	"二五"时期	1963—1965年	"三五"时期	"四五"时期	"五五"时期	"六五"时期	"七五"时期	"八五"时期
全国	6.12	5.38	4.91	4.82	4.35	5.63	6.23	6.12	7.10
东部地区	6.22	5.87	5.37	5.23	5.47	5.91	6.49	6.81	7.36
西部地区	6.09	4.40	4.40	3.80	3.96	5.29	5.20	5.45	5.78

注：投资效果用单位基建投资提供的国民收入表示。
资料来源：黄速建，魏后凯．西部大开发与东中部地区发展［M］．北京：经济管理出版社，2001．

二、沿海地区和内陆地区的经济差距拉大

这一时期，我国区域经济政策的基点是在资金配置和政策配置上对东部沿海地区实行重点倾斜，使沿海地区的比较优势得以充分施展。通过外商直接投资（FDI）的大量流入、国际贸易的快速增长和市场化改革的催化，东部沿海地区的经济得以高速发展，出现了低失业和高财政收入的美好景象。东部沿海地区在一定程度上由于更多地参与经济全球化和贸易自由化，在改革开放中获取了较大的利益，从而在一定程度上拉大了其与内陆地区的经济差距。

据统计，从1981年到1985年，在工农业总产值上，东部（北京、天津、上海三市和沿海七省区市）和西部（包括广西壮族自治区和西北、西南各省区市）的差额，由2562亿元扩大到4360亿元，人均工农业产值差额则由669元扩至1098元。[①]1990年，北京、天津、上海、河北、辽宁、浙江、广东等人均国民生产总值已超过2000元，其中上海和北京市已分别超过5000元

---

① 西部经济发展战略也要跟上［J］．经济导报，1988（16）：15．

和 4000 元，但贵州和广西壮族自治区等还没达到 1000 元，相差数倍。①

在 1989 年和 1990 年，中国东南沿海地区 12 个省区市的国民生产总值分别是 8471.66 亿元和 9239.39 亿元，分别占当年中国国民生产总值的 53% 和 52%。这两年，中部地区 9 个省区市的国民生产总值分别是 4655.29 亿元和 5128.11 亿元，占当年全国的 29% 和 29%。这两年，西部地区 9 个省区市的国民生产总值是 2462.94 亿元和 2810.03 亿元，分别占当年全国的 15% 和 16%。②东南沿海地区 12 个省区市的国民生产总值超过全国国民生产总值的 50%，而中部、西部地区 18 个省区市的国民生产总值却不足全国的一半。中部地区 9 个省区市的国民生产总值又是西部地区 9 个省区市的近两倍。可见，东部、中部、西部地区之间经济发展水平的差距是很大的。

改革开放以后，我国总体经济实力获得了较大增长，尤以东部地区增长速度最快。相比之下，西部地区受经济、社会、环境以及深居内陆的区位等诸多条件的限制，加之国家优惠政策条件的缺乏，经济、社会的发展水平一直落后于东部地区，自身的发展绩效长期以来为不断扩大的地区间发展水平差距所掩盖。从表 3-5 可见，西部地区在全国的经济地位不断下降，同东部地区的发展差距也不断扩大。

表 3-5 1978—1998 年东部、西部 GDP 总值与人均 GDP 对照表

年份	1978		1980		1985		1990		1995		1998	
项目	GDP（亿元）	人均GDP（元）	GDP（亿元）	人均GDP（元）	GDP（亿元）	人均GDP（元）	GDP（亿元）	人均GDP（元）	GDP（亿元）	人均GDP（元）	GDP（亿元）	人均GDP（元）
东部	1819.4	463.0	2161.3	536.0	3664.7	852.0	5551.6	1184.0	11547.0	2348.0	15830.2	3142.0
西部	587.7	264.0	686.8	302.0	1130.9	471.0	1638.3	629.0	2700.6	982.0	3541.5	1250.0
全国	3624.1	376.0	4203.7	426.0	6996.0	661.0	10209.1	894.0	17991.7	1485.0	23127.6	1853.0

注：表中数据按 1978 年不变价格计算。

资料来源：陆大道.中国区域发展的理论与实践［M］.北京：科学出版社，2003.

①② 马洪，孙尚清.现代中国经济大事典（第 1 卷）［M］.北京：中国财政经济出版社，1993.

从表 3-6 亦可见，改革开放以后，东部、中部、西部三大地带的经济实力存在一定的差距，中西部地区同沿海地区相比，处于明显的滞后状态。1978—2000 年，西部地带同东部地带之间的差距、中部地带与东部地带之间的差距均在不断扩大。1979—1989 年，东部地区与中部地区之间的人均 GDP 相对差距由 31.1% 增加到 36.8%，而东部地区与西部地区之间的相对差距则由 43.3% 上升到 48.1%，二者分别提高了 5.7 和 4.8 个百分点。然而从绝对差距来看，这种差距更为明显。1979—1990 年，中国东部与中部地区间人均 GDP 的绝对差距由 160.9 元增加到 700.1 元，而东部与西部地区间的绝对差距则由 224.0 元上升到 885.8 元，二者分别增加 539.2 元和 661.8 元。即使采用全国商品零售价格指数消除物价上涨因素的影响，按 1978 年不变价格计算的东西绝对差距，其扩大的幅度也是很明显的。从表 3-6 中可以清楚地看到，按 1978 年不变价格计算，东部和中部绝对差距由 1979 年的 157.7 元增加到 1990 年的 337.2 元，东部和西部绝对差距则由 1979 年的 219.6 元上升到 1990 年的 426.7 元，二者分别增加 179.5 元和 207.1 元，除治理整顿期间外，这期间的东部和中部、东部和西部绝对差距都在急剧扩大。

表 3-6　1978—2000 年中国东部、中部、西部地区之间人均 GDP 差距

年份	绝对差距（元）				相对差距系数（%）	
	按当年价格计算		按 1978 年价格计算			
	东部与中部间	东部与西部间	东部与中部间	东部与西部间	东部与中部间	东部与西部间
1978	153.6	212.9	153.6	212.9	33.1	45.9
1979	160.9	224.0	157.7	219.6	31.1	43.3
1980	183.1	255.4	169.3	236.2	32.2	44.9
1981	195.6	285.2	176.7	257.6	31.7	46.2
1982	214.9	301.7	190.5	267.4	32.0	44.9
1983	218.4	325.2	190.7	284.0	29.8	44.4
1984	269.9	390.7	229.3	331.9	31.1	45.0
1985	341.0	474.1	266.2	370.2	32.6	45.4

续表

| 年份 | 绝对差距（元） | | | | 相对差距系数（%） | |
| | 按当年价格计算 | | 按 1978 年价格计算 | | | |
	东部与中部间	东部与西部间	东部与中部间	东部与西部间	东部与中部间	东部与西部间
1986	374.4	528.8	275.8	389.5	32.7	46.2
1987	431.3	645.7	296.1	443.3	31.7	47.5
1988	608.4	802.0	352.4	464.6	36.1	47.7
1989	685.7	897.1	337.2	441.2	36.8	48.1
1990	700.1	885.8	337.2	426.7	35.6	45.1
1991	900.9	1056.2	421.7	494.4	39.9	46.8
1992	1320.5	1514.2	586.4	672.5	43.5	49.9
1993	1874.8	2194.7	735.5	861.0	45.9	53.8
1994	2529.4	3029.2	815.4	976.5	46.7	55.9
1995	3086.7	3832.1	866.8	1076.1	45.5	56.5
1996	3525.7	4495.2	933.1	1189.7	44.3	56.5
1997	3897.4	5057.6	1023.3	1327.9	44.0	57.2
1998	4270.0	5490.9	1151.1	1480.2	44.8	57.7
1999	4643.1	5930.6	1290.3	1648.1	46.0	58.7
2000	4790.2	6162.0	1351.5	1738.5	44.5	57.2

注：相对差距系数=（大值-小值）/大值＊100%；按 1978 年不变价格计算的绝对差距，系采用全国商品零售价格指数剔除物价因素的影响。

资料来源：陆大道.中国区域发展的理论与实践［M］.北京：科学出版社，2003.

据肖红叶（2004）按照总体经济竞争力理论，从生产增加值、投资额、最终消费和市场规模四个支撑视角分析，得出中国 31 个省区市（不包括香港、澳门、台湾数据）的总体经济竞争力排名情况如下：1985—1990 年，一直排在前八名的是上海、北京、广东、江苏、浙江；辽宁除 1985 年排名第12 位，其他 5 年均排在前七，山东除 1987 年排名第 11 位，其他 5 年均排在前九，天津除了 1990 年排名第 11 位，其他 5 年均排在前十；一直排在第 21名及以后的是广西壮族自治区、贵州、青海、宁夏回族自治区、江西；甘肃除 1988 年排名第 17 位，其他 5 年均排在第 21 名以后，湖南除 1989 年排名第18位，其他5年均排在第20名以后。四川在1985—1989年一直排在第21名以后，1990年起排名提升至第18位及以上。云南在1985—1988年一直排在第21名以后，1989年上升至第19名，1990年上升至第19名，1991年上升至第9名。西藏自治区在1985年和1986年分别排名第10位、第19位，从1987年至1998年则一直排在倒数第五以后，其中有9年排名倒数第二。山西从1988年起至2004年一直排在第20位以后。陕西在1985—1987年分别排名第25位、第22位、第20位，从1988年至1992年排名上升至第18位及以上。[①] 可见，沿海地区和内陆地区的发展差距已不仅仅体现在发展速度和发展水平上，而且还体现在发展质量和发展能力上。

1978—1990年，全国国民收入的平均增长速度约8.5%，其中增长最快的是浙江（11.94%）、广东（11.29%）、江苏（11.06%）、福建（10.49%）和山东（9.91%）。[②] 一些老工业基地和改革开放政策实施进展慢的地区，以及西部地带欠发达的省区市则发展比较落后。

从表3-7中可见，东部、中部、西部三大地带内部的地区差异在程度上和趋势上都有较大区别。改革开放以后，东部地带的山东、广东、福建、海南、浙江、江苏等省新兴工业区域实现了快速发展，老工业区却陷入困境而相对衰退，东部地带的内部差距有所缩小。中部地带发展较快的是安徽、河南、江西三省，这三省1978年人均GDP水平是中部地带中最低的；改革开放前工业较发达的山西、黑龙江、吉林三省在这一时期的发展相对滞后，所以，中部地带的内部差距也有所缩小。这一时期，西部地带的变化情况比东部和中部要复杂一些。人均GDP年均增速超过8%的是新疆维吾尔自治区和云南，新疆维吾尔自治区原本是西部收入水平较高的，云南则属于低收入地区；发展滞后的是原来收入水平最高的青海，可见，西部地带的内部差距明显拉大了。这在某种程度上说明，较发达区域内部各地之间的相互作用力量比落后地带内部要大得多。

① 肖红叶. 中国区域竞争力发展报告（1985—2004）［M］. 北京：中国统计出版社，2004.
② 陆大道. 地区合作与地区经济协调发展［J］. 地域研究与开发，1997（1）：45-48.

表 3-7　1978—1994 年各省区市人均 GDP 增长速度分组

时间	年均增长速度	东部地带	中部地带	西部地带
1978—1990 年	8% 以上	广东、浙江、江苏、福建、山东	安徽、河南	新疆维吾尔自治区、云南
	8% 以下	北京、辽宁、河北、上海、广西壮族自治区、天津	湖北、江西、吉林、湖南、山西、黑龙江、内蒙古自治区	四川、贵州、宁夏回族自治区、甘肃、青海、陕西、西藏自治区
1978—1994 年	8% 以上	浙江、广东、福建、江苏、山东、海南、北京	安徽、河南、江西、湖北	新疆维吾尔自治区、云南
	8% 以下	河北、辽宁、上海、天津、广西壮族自治区	吉林、内蒙古自治区、湖南、山西、黑龙江	四川、贵州、宁夏回族自治区、甘肃、青海、陕西、西藏自治区

资料来源：白雪梅. 中国区域经济发展的比较研究［M］. 北京：中国财政经济出版社，1998.

由此可见，中国地区之间差别很大，信息传递不方便，交通运输不发达，产业结构不平衡而经济弹性小，资源短缺，因此，从点到面推动经济发展这一方式，虽有作用，却不足以指导全国经济发展。一项重大国家战略的推出，应充分考虑全国各地区的整体协调，中国地域辽阔，诸省之间经济水平悬殊，如果只是过分地强调某一地区的发展而忽视其他地区与之协调，全国的经济稳定也难以维持。

值得注意的是，这一时期，由于大量资金向东部沿海地区倾斜，导致内陆地区的资源开发投资严重不足，我国资源的有效供给在需求不断增长的情况下日趋短缺，而沿海地区的高工资又引起了全国通货膨胀。1988 年 4 月，时任甘肃省省长的贾志杰在接受记者何亦文采访时说，"目前，中国原材料价格过低，使生产原材料的省份缺乏扩大生产的积极性。从'一五'至'四五'期间，甘肃占全国基本建设投资的 4% 左右，'五五'为 1.8%，'六五'为 1.7%。到'七五'就只有 1% 了，投资比例一降再降，影响原材料工业的发展"①。可见，国家应当继续给予西部相对落后地区一些优惠政策，

———————

① 何亦文. 西部省份面临新挑战新机遇——甘肃省长贾志杰谈"沿海地区经济发展战略"［J］. 经济导报，1988（15）：31.

并在人才、资金、物资等方面进一步加大支援力度，使西部相对落后地区与其他地区的经济差距控制在一定的范围。

三、具有典型的经济分割性质的区域经济类型——政区经济产生

这一时期，各地产业结构趋同，重复建设项目太多，资源配置非常不合理，地区分割与封锁严重，经济领域中的本位主义、分散主义迅速滋长。"地区之间搞经济封锁比较严重，这方面的事例很多。"在对外贸易上，"地区、部门、企业之间，竞相削价、互相拆台的现象也比较突出，已蒙受不少损失"。所以，赵紫阳说："为了加强经济工作的集中统一，必须坚持大计划、小自由，大集中、小分散，摆正全国一盘棋和发挥地方积极性的关系。对那些错误做法，国家就是要干预，要令行禁止，决不能各搞一套。"[①]

我国从1980年起开始实行中央和地方"分灶吃饭"的财政体制改革，地方政府在提高财政收入方面具有很大的积极性，各个行政区域成为东部、中部和西部地区组织经济运行的基本地域单元。各地政府主要官员为了提高政绩，不断追求其所在行政区自身GDP的增长，对市场经济活动展开强制性的行政干预，对生产要素流动实行刚性约束，造成各行政区之间在公共服务、要素流通、技术转移等方面存在明显的差异与无形的壁垒。这种"边界"明显的政区经济[②]具有典型的分割性质，非常不利于区域协调发展。各行政区域在产业政策和发展规划等方面各自为政，并在争夺资源、市场、人才等方面展开恶性竞争，造成了一系列的负面效应。[③]

---

① 中共中央文献研究室. 三中全会以来重要文献选编（下册）[M]. 北京：人民出版社，1982.

② 这一概念最早由华东师范大学中国行政区划研究中心主任刘君德在1992年提出。

③ 刘世庆，许英明，巨栋，等. 中国流域经济与政区经济协同发展研究 [M]. 北京：人民出版社，2019.

本章小结

著名经济学家冈纳·缪尔达尔 1957 年提出的循环累积因果论对于我国解决地区经济发展差异问题具有重要指导作用。[①] 该理论认为，区域经济发展过程在空间上是从一些条件较好的地区开始而不是同时产生和均匀扩散的，一旦某些区域因为具备初始优势获得了超前发展，那么，这些区域就会不断快速积累有利条件进一步获得更加超前的发展，从而加剧和强化区域间发展不平衡的矛盾，并导致回流效应[②]和扩散效应[③]这两种截然相反的效应同时发生在发达区域与落后区域。区域经济能否实现协调发展，关键取决于回流效应与扩散效应之间的强弱关系。在发展中国家的经济起飞阶段，发达区域可以比较容易地获得更多的回流效应带来的生产要素，相对落后区域则很难获取扩散效应带来的发展机会。所以，强有力的政府干预对于促进发展中国家区域经济朝着比较合理的或者相对均衡、相对协调的方向发展是十分必要的。[④]

1979—1990 年，我国处于改革开放初期，采取优先发展条件好的东部沿海地区的非均衡发展战略，获得了较高的投资效率和经济增长速度，实现了经济社会加快发展步伐的目标，完全符合国情需要和经济发展规律。但同时也再次扩大了沿海地区与内陆地区的差距。尽管这种差距的扩大是在东部、

---

① 魏达志．递进中的崛起：中国区域经济发展考察（1979—2009）［M］．上海：东方出版中心，2010.

② 回流效应，表现为资金、技术、劳动力等生产要素从不发达区域向发达区域流动，导致区域之间的差异不断扩大。

③ 扩散效应，表现为资金、技术、劳动力等生产要素从发达区域向不发达区域流动，从而使区域之间的发展差异有所缩小。

④ 在经济发展的起步阶段，在条件允许的和平年代，政府应当制定政策优先发展条件较好的地区，以实现较高的投资效率和经济增长速度，通过扩散效应带动其他落后地区的发展。但当发达地区的经济发展到一定程度时，也要防止循环累积因果造成区域之间贫富差距的无限扩大，所以，政府应当适时制定一系列特殊政策来刺激落后地区的发展，以缩小区域之间的发展差距。

中部、西部各地区经济都有较大发展的基础上出现的，但这种发展差距不断扩大的趋势不利于国家综合优势的发挥，而且还给社会带来了一些不安定因素。以各地政府为主的投资主体竞相追逐价高利大的加工产业，导致资源浪费、环境恶化以及地区产业结构严重失调。各地政府千方百计构筑名目繁多的贸易壁垒，导致区际摩擦、封锁日趋加剧，阻碍和限制了中西部地区经济的发展和市场的发育。国家在东部沿海地区实行较多的特殊优惠政策，使内陆地区处在一个相对不公平的环境中，这不利于内陆地区的发展。所以，这一时期的非均衡发展战略同样是有得有失的。20 世纪 90 年代以后，中共中央适时地提出了区域经济非均衡协调发展战略，在继续充分地发挥东部沿海地区发展优势的同时，逐步提高中西部地区的经济发展速度，促进地区经济结构不断优化。

第四章 区域经济非均衡协调发展战略（1991—2005 年）

由于自然条件、资源禀赋、发展基础各异，我国不同地区投入同一产业的效果不尽相同，同一地区投入不同产业的效果亦不尽相同。在国家经济实力和相关资源非常有限的情况下，为提高资源配置效率和经济发展速度，国家必须采取重点开发的形式，集中有限的人力、物力和财力，向重点开发地区和重点产业倾斜。但是，过大的地区差距不仅不利于社会稳定，而且也不利于整个国家的经济稳定增长，还会损失社会的整体效率。

我国经济是一个有机整体，在各地区和各产业之间的发展要保持协调，这就要求国家倾斜政策必须适度，必须与必要的区域补偿相结合，必须以保持地区之间和产业之间协调、有序发展为前提。

因此，适度倾斜与协调发展相结合就成为非均衡协调发展战略的核心思想。这是一种实现各地区优势互补的差别战略，同时也是一种实现各地区共同加速发展的全局战略。

第一节 区域经济非均衡协调发展战略的提出（1991—1998 年）

一、提出地区经济非均衡协调发展的总方针

1990 年 12 月 30 日，中共中央决定"今后十年的地区经济发展和生产力

布局，要认真贯彻执行以下原则"：第一，统筹规划，合理分工；第二，优势互补，协调发展；第三，经济比较发达的沿海省、市，应当分别同内地一两个经济比较落后的省、区签订协议或合同，采取经验介绍、技术转让、人才交流、资金和物资支持等方式，负责帮助它们加快经济的发展；第四，加强宏观调控，健全调控机制。① 与此同时，国家要积极扶持民族地区经济发展，要进一步贯彻沿海地区经济发展战略，积极发展外向型经济。"经济特区、开放城市和地区要从国民经济全局出发，合理确定开发与建设规划，更好地面向国际市场，同时积极开展同内地的横向联系与协作。认真搞好上海浦东新区的开发和开放，是今后十年的一项重要任务。与此同时，积极发展同内陆周边国家的经济贸易关系。"②

1991 年 3 月，李鹏指出，"生产力的合理布局和地区经济的协调发展，是我国经济建设和社会发展中一个极为重要的问题"③。1991 年通过的"八五"计划进一步强调指出："要按照今后十年地区经济发展和生产力布局的基本原则，正确处理发挥地区优势与全国统筹规划、沿海与内地、经济发达地区与较不发达地区之间的关系，促进地区经济朝着合理分工、各展其长、优势互补、协调发展的方向前进。尽可能地利用本地区的优势（包括资源、技术、人才等各方面的优势），发展面向国内市场和国外市场的优势商品。不搞低水平的重复建设，防止追求大而全的地区经济体系，更不能搞地区市场封锁。积极扶持少数民族地区和贫困地区经济的发展，以利于逐步实现共同富裕。"④

1991 年 11 月 29 日，《中共中央关于进一步加强农业和农村工作的决定》指出："要按照优势互补、经济互利的原则，组织东部沿海地区和西部地区通过各种形式的经济联合，促进西部地区经济发展，使东西部地区之间差距

---

① ② 《十一届三中全会以来历次党代会、中央全会报告 公报 决议 决定》编写组．十一届三中全会以来历次党代会、中央全会报告 公报 决议 决定（上册）［M］．北京：中国方正出版社，2008.

③ 1991 年 3 月，国务院总理李鹏在《关于国民经济和社会发展十年规划和第八个五年计划纲要的报告》中提出，要"促进地区经济的合理分工和协调发展"。

④ 刘江．中国地区经济发展战略研究［M］．北京：中国农业出版社，2003.

拉大的趋势逐步得到缓解。"①

1993 年 2 月 14 日，《国务院关于加快发展中西部地区乡镇企业的决定》指出，"扶持和加快中西部地区和少数民族地区乡镇企业的发展"，"对于逐步缩小东西部地区差距"具有十分重要的经济意义和政治意义。为此，特决定如下：①提高认识，加强领导，把加快发展乡镇企业作为中西部地区经济工作的一个战略重点；②实行适应中西部地区经济发展要求的产业政策，把资源优势转化为经济优势；③提倡不同组织形式的乡镇企业共同发展；④鼓励和支持各类人才走上开发乡镇经济的主战场；⑤走因地制宜、合理布局、集中连片发展的路子；⑥积极在中西部地区培育和发展市场体系；⑦多渠道增加中西部地区乡镇企业的资金投入；⑧抓住机遇，推进东西部横向经济联合和城乡联合；⑨各有关部门通力合作，为促进中西部地区乡镇企业上新台阶做出贡献。②"从一九九三年起到二〇〇〇年，除了用好现有乡镇企业贷款存量和每年正常新增贷款外，再由中国人民银行每年在国家信贷计划中单独安排五十亿元贷款，支持发展中西部地区乡镇企业。"③

1993 年 3 月 7 日，《中共中央关于调整"八五"计划若干指标的建议》指出我国地域辽阔，各地条件差异很大，经济发展不平衡，"要在加强国家统一规划和政策指导下"，"充分发挥各地优势，促进地区经济合理布局和协调发展"④。

1995 年 9 月 28 日，中共中央明确指出，"九五"计划时期要"引导地区经济协调发展，形成若干各具特色的区域经济，促进全国经济布局合理化"，从而逐步缩小区域发展差距⑤。

"九五"计划提出："要按照统筹规划、因地制宜、发挥优势、分工合作、协调发展的原则，正确处理全国经济发展与地区经济发展的关系，正确处理建立区域经济与发挥各省区市积极性的关系，正确处理地区与地区之间

①④⑤　《十一届三中全会以来历次党代会、中央全会报告 公报 决议 决定》编写组．十一届三中全会以来历次党代会、中央全会报告 公报 决议 决定（上册）[M]．北京：中国方正出版社，2008．

②③　中共中央文献研究室．十四大以来重要文献选编（上）[M]．北京：人民出版社，1996．

的关系。按照市场经济规律和经济内在联系以及地理自然特点，突破行政区划界限，在已有经济布局的基础上，以中心城市和交通要道为依托，逐步形成七个跨省区市的经济区域。各地区要在国家规划和产业政策指导下，选择适合本地条件的发展重点和优势产业，避免地区间产业结构趋同化，促进各地经济在更高的起点上向前发展。积极推动地区间的优势互补、合理交换和经济联合。"①

"引导地区经济协调发展，形成若干各具特色的经济区域，促进全国经济布局合理化，是逐步缩小地区发展差距，最终实现共同富裕，保持社会稳定的重要条件。"②1996 年 3 月 17 日，国家 2010 年远景目标提出 "正确处理全国经济发展与地区经济发展的关系，正确处理建立区域经济与发挥各省（区、市）积极性的关系，正确处理地区与地区之间的关系"，要突破行政区划界限，逐步形成跨省（区、市）的经济区域。③到 2010 年，"基本形成若干各具特色的跨省区市的经济区和重点产业带，地区发展差距逐步缩小，城乡建设有很大发展，初步建立规模结构和布局合理的城镇体系"④。

1997 年 9 月 12 日，党的十五大报告强调：要 "从多方面努力，逐步缩小地区发展差距"；要 "进一步引导形成跨地区的经济区域和重点产业带"；要更加重视和积极扶持少数民族地区发展经济；各地要发展特色经济，充分发挥中心城市的作用；要加快振兴老工业基地，推动投融资体制改革，完善国家产业政策，切实解决 "大而全" "小而全" 和不合理重复建设问题。⑤

二、实行全方位的对外开放政策

1992 年 10 月 12 日，党的十四大胜利召开，提出进一步扩大对外开放，"形成多层次、多渠道、全方位开放的格局"。"继续办好经济特区、沿海开

---

① 刘江. 中国地区经济发展战略研究 ［M］. 北京：中国农业出版社，2003.

②③④ 陈锦华. 国民经济和社会发展 "九五" 计划和 2010 年远景目标纲要讲话 ［M］. 北京：中国经济出版社，1996.

⑤ 《十一届三中全会以来历次党代会、中央全会报告 公报 决议 决定》编写组. 十一届三中全会以来历次党代会、中央全会报告 公报 决议 决定（下册）［M］. 北京：中国方正出版社，2008.

放城市和沿海经济开放区。扩大开放沿边地区，加快内陆省、自治区对外开放的步伐。以上海浦东开发开放为龙头，进一步开放长江沿岸城市，尽快把上海浦东建成国际经济、金融、贸易中心之一，带动长江三角洲和整个长江流域地区经济的新飞跃。加速广东、福建、海南、环渤海湾地区的开放和开发。"①

《"九五"计划和2010年远景目标纲要》指出："经济特区、沿海开放城市和开放地带要积极参与国际经济合作，充分发挥示范、辐射和带动作用。沿交通干线、沿江、沿边地区和内陆中心城市要发挥自身优势，加快开放步伐，引进外来资金、技术和人才，发展对外经济合作，促进中西部地区的经济开发和振兴。"②

2001年3月15日第九届全国人民代表大会第四次会议批准通过的国家"十五"（2001—2005年）计划纲要第十七章"扩大对外开放，发展开放型经济"提出，实施"走出去"战略，"要以更加积极的姿态，抓住机遇，迎接挑战，趋利避害，做好加入世界贸易组织的准备和过渡期的各项工作，不断提高企业竞争能力，进一步推动全方位、多层次、宽领域的对外开放"③。

（一）扩大开放沿边地区

1991年4月，国务院转发经贸部等部门《关于积极发展边境贸易和经济合作促进边疆繁荣稳定的意见》。其中有关边贸的优惠政策主要有：放宽边境贸易管理；对边境贸易实行税收优惠政策；鼓励边境地区同毗邻国家的边境地区开展经济技术合作。④

1992年实行沿边开放政策，开放沿边城市13个。黑龙江省的黑河、绥芬河，吉林省的图们江，内蒙古自治区的满洲里、二连浩特，新疆维吾尔自治区的伊宁、博乐、塔城，云南的瑞丽、河口、畹町，广西壮族自治区的凭

① 中共中央文献研究室．十四大以来重要文献选编（上）[M]．北京：人民出版社，1996．

② 陈锦华．国民经济和社会发展"九五"计划和2010年远景目标纲要讲话[M]．北京：中国经济出版社，1996．

③ 全国人大财政经济委员会办公室编．建国以来国民经济和社会发展五年计划重要文件汇编[G]．北京：中国民主法制出版社，2007．

④ 刘江．中国地区经济发展战略研究[M]．北京：中国农业出版社，2003．

祥、东兴等边境城市开放。这些城市的开放，与沿海开放城市相连接，形成了一个沿我国海陆周边对外开放的圆环。[①]

（二）加快长江三角洲和沿江地区的开发开放

20 世纪 90 年代，亚太地区经济发展势头强劲，国际市场竞争激烈。"在这样的国际形势下，我们要不落后于亚太地区其他国家的经济发展，并在增长速度方面超过他们，加快改革开放步伐，抓紧开发以浦东为龙头的长江三角洲和沿江地区，更是刻不容缓。"[②]

1992 年邓小平同志在"南方谈话"中指出，发展比较好的地区就应该比全国平均速度快。1992 年 6 月，江泽民同志在国务院召开的长江三角洲及长江沿江地区经济发展规划座谈会上讲到，"长江三角洲和沿江地区，是我国经济、科技、文化发达的地区之一"，"这一地区将成为继沿海开放地区之后一个开发潜力最大、有可能上得最快的经济发展的先行区"。[③] "长江三角洲和沿江地区的经济开发不可能齐头并进，必须抓住重点，统筹兼顾，搞好联合，发挥整体优势。从整个区域的开发来说，既要始终抓住浦东和三峡工程这两个重点，又要注意充分发挥沿江各省的优势和特点。"[④]

长江三角洲和沿江地区涉及江苏省、浙江省、安徽省、江西省、湖北省、湖南省、四川省和上海市，在全国经济社会发展中占有举足轻重的地位。党中央、国务院在继续抓好珠江三角洲开放开发的同时，决定充分发挥浦东新区的龙头带动作用，进一步开放开发长江沿岸城市[⑤]，这是我国经济发展区域布局和扩大对外开放格局的一个重要战略决策。

（三）开放内陆省会城市

1992 年，石家庄、长沙、成都、贵阳、西安、兰州、西宁、银川等 18 个内陆省会城市正式开放。[⑥] 1992 年，我国还新增设 7 个保税区，连同之前

---

① 中国城市经济社会发展研究会，中国行政管理协会．中国城市经济社会年鉴 [M]．北京：中国城市年鉴社，1993.

②③④ 江泽民．江泽民文选（第一卷）[M]．北京：人民出版社，2006.

⑤ 1992 年开放长江沿岸 5 个城市：重庆、岳阳、武汉、九江和芜湖。

⑥ 1992 年开放的 18 个内陆省会城市是：石家庄、哈尔滨、长春、呼和浩特、乌鲁木齐、昆明、南宁、太原、合肥、南昌、郑州、长沙、成都、贵阳、西安、兰州、西宁、银川。

已经办成的 5 个，共有 12 个保税区。至此，我国城市已形成"经济特区—沿海开放城市—沿江开放城市—沿边开放城市—内陆开放省会城市"的对外开放格局。①

1993 年，呼伦贝尔盟、乌海市、延边朝鲜自治州、黔东南苗族侗族自治州、临夏回族自治州、格尔木市、伊犁哈萨克自治州等 7 个州市被确定为改革开放试点。再加上各自治区首府和少数民族集中的省会城市已被国家列为内陆开放城市，少数民族自治地区也形成了全方位、多层次、宽领域的开放格局，提高了我国西部民族地区的自我发展能力。②

这一时期，我国通过进一步扩大对外开放领域，大力吸收外国直接投资（见表 4-1），不断引进先进技术，国民经济实现了快速增长。从表 4-1 可见，1990—1998 年，全国 FDI 从 1990 年的 316841.0 万美元，增长至 1995 年的 3721549.0 万美元，又增加到 1998 年的 4528389.0 万美元，8 年增长了 13.29 倍。从中国 FDI 的地区分配来看，1990—1998 年，排在前 8 名的省区市均在东部沿海地区，东部地区吸收的 FDI 占到全国的 87% 以上，而广大中西部地区吸收的 FDI 则非常有限。随着我国内陆省会城市和部分州市的逐步开放，中部地区吸收的 FDI 实现了较快增长，从 1990 年的 12260.0 万美元增加到 1995 年的 342936.0 万美元，又增加至 1998 年的 442022.0 万美元，中部地区吸收的 FDI 占全国 FDI 的比重也有明显增长，从 1990 年仅占 3.9%，上升至 1995 年的 9.2%，又上升至 1998 年的 9.8%。西部地区吸收的 FDI 也有一定程度的增加，从 1990 年仅有 7171.0 万美元，增加至 1995 年的 114474.0 万美元，再增加到 1998 年的 137355.0 万美元。可见，我国进一步扩大对外开放的决策是非常正确和有效的，这一时期我国广大中西部地区的开放力度和开发水平还十分有限，国家应当进一步加大对中西部地区的扶持力度，不断推进改革步伐，使中西部地区的开放发展更进一步。

---

① 中国城市经济社会发展研究会，中国行政管理协会．中国城市经济社会年鉴［M］．北京：中国城市年鉴社，1993.

② 郑长德．中国西部民族地区的经济发展［M］．北京：科学出版社，2009.

表 4-1　1990—1998 年中国 FDI 的地区分配

1990 年			1995 年			1998 年		
地区	数量（万美元）	份额（%）	地区	数量（万美元）	份额（%）	地区	数量（万美元）	份额（%）
广东	146000.0	46.1	广东	1026011.0	27.6	广东	1201994.0	26.5
福建	29002.0	9.2	江苏	519082.0	13.9	江苏	663179.0	14.6
北京	27695.0	8.7	福建	404390.0	10.9	福建	421211.0	9.3
辽宁	24373.0	7.7	上海	289261.0	7.8	上海	360150.0	8.0
上海	17401.0	5.5	山东	268898.0	7.2	山东	220274.0	4.9
山东	15084.0	4.8	天津	152093.0	4.1	辽宁	219045.0	4.8
江苏	12416.0	3.9	辽宁	142461.0	3.8	北京	216800.0	4.8
海南	10302.0	3.3	浙江	125806.0	3.4	天津	211361.0	4.7
前 8 名总和	282273.0	89.1	前 8 名总和	2928002.0	78.7	前 8 名总和	3514014.0	77.6
东部地区	297410.0	93.9	东部地区	3264139.0	87.7	东部地区	3949012.0	87.2
中部地区	12260.0	3.9	中部地区	342936.0	9.2	中部地区	442022.0	9.8
西部地区	7171.0	2.3	西部地区	114474.0	3.1	西部地区	137355.0	3.0
全国	316841.0	100.0	全国	3721549.0	100.0	全国	4528389.0	100.0

资料来源：赵公卿，汪同三，魏建国．中国经济西进［M］．北京：社会科学文献出版社，2001.

三、加大对中西部地区的政策支持力度

"九五"计划明确提出，"提高国家政策性贷款用于中西部地区的比重。国际金融组织和外国政府贷款 60% 以上要用于中西部地区"①。与此同时，国家要从"九五"时期开始进一步加大财政支持力度来加快中西部地区改革开放步伐，引导外资更多地投向中西部地区，加强东部沿海地区与中西部地区的经济联合与技术合作，增强中西部地区自我发展的能力。②

从表 4-2 可见，从 1995 年开始，国家加大了对中西部地区的扶持力度。

①② 陈锦华．国民经济和社会发展"九五"计划和 2010 年远景目标纲要讲话［M］．北京：中国经济出版社，1996.

1995 年，中部地区和西部地区占国家预算内基本建设投资的比重明显增加，分别从 1994 年的 25.80%、16.90% 提高到了 28.60%、20.20%。1995 年，我国沿海地区与内陆地区的基建投资比例从 1994 年的 0.95 下降至 0.80。虽然，1996 年沿海与内地的基建投资比例有所回升，但从 1997 年至 2000 年，沿海与内地的基建投资比例逐年下降，从 1997 年的 0.85 下降至 2000 年的 0.66，3 年下降了 0.19。

表 4-2　1993—2000 年国家预算内基本建设投资的地区分布

年份	国家预算内资金（亿元）	各地区所占比重（%）			人均占有预算内资金（元）			沿海与内地之比
		东部	中部	西部	东部	中部	西部	
1993	431.76	37.80	24.40	17.10	33.80	25.00	27.40	0.91
1994	434.57	40.70	25.80	16.90	36.20	26.30	26.80	0.95
1995	491.67	38.80	28.60	20.20	38.40	32.70	35.90	0.80
1996	524.38	42.40	28.90	16.50	44.50	35.00	30.90	0.93
1997	574.51	43.70	30.90	20.60	49.80	40.60	42.00	0.85
1998	1021.32	36.70	24.40	19.30	73.90	56.70	69.30	0.84
1999	1478.88	36.50	27.50	19.40	105.60	91.90	99.80	0.78
2000	1594.07	31.50	26.50	21.40	93.70	96.10	118.80	0.66

注：由于存在不分地区投资，所以各地区比重之和不等于 100%。
资料来源：陆大道. 中国区域发展的理论与实践［M］. 北京：科学出版社，2003.

四、加大对贫困地区的支持力度，扶持民族地区经济发展

《国民经济和社会发展十年规划和第八个五年计划》提出："要坚持以经济开发为主的扶贫方针，继续贯彻帮助贫困地区尽快改变面貌的政策措施，增强这些地区经济自立致富的能力和经济内在活力。经过五年努力，基本上解决现在尚属贫困地区群众的温饱问题。"[1]

---

[1]　全国人大财政经济委员会办公室. 建国以来国民经济和社会发展五年计划重要文件汇编［G］. 北京：中国民主法制出版社，2007.

1994 年 4 月 15 日，国务院印发《国家八七扶贫攻坚计划》。① 这是逐步缩小东西部地区发展差距、促进区域经济协调发展的一项必不可少的战略性举措。

"九五"计划和"2010 年远景目标纲要"提出："继续组织中央各部门、社会各界和东部沿海地区，以多种形式支援西藏等民族地区、三峡库区和贫困地区的工程建设"②；"切实落实国家扶贫攻坚计划，继续执行扶持贫困地区经济发展的各项优惠政策。各级政府都要增加对扶贫开发的投入，搞好以工代赈，增加并管好用好各项扶贫资金"；"坚持走开发式、开放式扶贫的路子，努力改善交通、通信、电力、人畜饮水以及教育、医疗卫生条件"③。

1996 年 9 月 23 日，江泽民同志在中央扶贫开发工作会议上讲到，"实现小康目标，不仅要看全国的人均收入，还要看是否基本消除了贫困现象。这就必须促进各个地区经济协调发展。如果不能基本消除贫困现象，进一步拉大地区发展差距，就会影响全国小康目标的实现，影响整个社会主义现代化建设的差距"④。

1996 年 10 月 23 日，沿海发达省区市对口帮扶西部贫困省区市的具体安排正式确定。⑤ 1997 年设立重庆直辖市后，国务院扶贫开发领导小组于 2002 年 1 月确定，由珠海、厦门帮重庆。⑥

综上所述，1990—1998 年，我国在继续发挥东部沿海地区优势的同时，制订了一系列计划并采取了一些措施加大中西部地区的开发力度，取得了良

---

① 这一计划提出，从 1994 年至 2000 年，集中人力、物力、财力，动员社会各界力量，力争用七年左右的时间，基本解决当时全国农村八千万贫困人口的温饱问题。

②③ 陈锦华.国民经济和社会发展"九五"计划和 2010 年远景目标纲要讲话［M］.北京：中国经济出版社，1996.

④ 江泽民.江泽民文选（第一卷）［M］.北京：人民出版社，2006.

⑤ 1996 年 10 月 23 日，中共中央、国务院颁布《关于尽快解决农村贫困人口温饱问题的决定》，确定沿海发达省市对口帮扶西部贫困省区的具体安排，即：北京帮内蒙古自治区，天津帮甘肃，上海帮云南，广东帮广西壮族自治区，江苏帮陕西，浙江帮四川，山东帮新疆维吾尔自治区，辽宁帮青海，福建帮宁夏回族自治区，深圳、青岛、大连、宁波帮贵州。

⑥ 为推进扶贫工作，国家进一步加大了扶贫资金投入，积极推进扶贫协作和对口支援。到 1998 年，中央扶贫资金总量已增加到 183 亿元。同时，国家还采取了一系列政策措施促进少数民族地区发展致富，如从 1992 年开始中央财政设立了少数民族发展专项资金，支持少数民族地区经济发展。

好的经济效益。

"八五"期间，我国国民生产总值年均增长 12%①，进出口总额超过 1 万亿美元，五年实际利用外资超过 1600 亿美元。②"八五"期间，我国城镇居民和广大农民的实际收入都有较大幅度的增加，人民生活水平继续提高，贫困人口数量大量减少。③

从表 4-3 可见，1998 年，我国 GDP 达到 982757.000 百万美元，人均 GDP 为 797.000 美元，实现了年均 9.710% 的增长率，然而，区域发展差距已相当明显。从人均 GDP 来看，高发达地区（东部沿海地区）的人均 GDP 已达到 1318.000 美元，而低发达地区（西部地区）的人均 GDP 仅有 420.000 美元，相差了 898 美元。从人类发展指数来看，我国高发达地区（东部沿海地区）已达到 0.790，但低发达地区（西部地区）的发展指数是 0.574。

表 4-3　1998 年中国经济发展状况

项目	高发达地区	中发达地区	低发达地区	全国
GDP（百万美元）	394248.000	526696.000	61813.000	982757.000
人均 GDP（美元）	1318.000	669.000	420.000	797.000
年均增长率（%）	10.300	9.350	9.040	9.710
人口（百万）	299.040	786.780	147.000	1232.820
按购买力平价折算的人均 GDP（美元）	4555.000	2107.000	1600.000	2654.000
预期寿命（年）	72.510	67.990	66.020	68.870
识字率（%）	86.630	77.650	77.010	79.810
入学率（%）	60.780	55.160	51.880	56.160
人类发展指数	0.790	0.620	0.574	0.657

资料来源：赵公卿，汪同三，魏建国.中国经济西进 [M].北京：社会科学文献出版社，2001.

---

①　其中，第一产业年均增长 4.1%，第二产业年均增长 17.3%，第三产业年均增长 9.5%。

②　陈锦华.国民经济和社会发展"九五"计划和 2010 年远景目标纲要讲话 [M].北京：中国经济出版社，1996.

③　"八五"期间，城镇居民人均生活费收入实际年均增长 7.7%，农民人均纯收入实际年均增长 4.5%，社会消费品零售总额实际年均增长 10.6%。人民生活水平在 20 世纪 80 年代基本解决温饱的基础上继续提高，贫困人口由 20 世纪 80 年代末的 8500 万人减少到 1995 年的 6500 万人。

虽然，我国从1990年底就提出了区域经济非均衡协调发展战略思想，认识到了加大中西部地区的开放开发力度的重要性和紧迫性，也采取了上述一系列措施推动中西部地区的发展，但是，这一时期西部地区更多地承担了改革的成本，为东部地区提供了大量不可缺少的原材料、廉价劳动力、科研人才、高校毕业生以及大量财富等，西部地区与东部地区的经济差距进一步加大（见表3-5、表3-6）。1998年，西部10省区市几乎都集中在全国最低的位置上，其中最低的贵州省与最高的上海市相差11倍以上。① 所以，从1999年开始，我国逐步推进西部大开发工作。

第二节　区域经济非均衡协调发展战略的实施（1999—2005年）

一、实施西部大开发战略

西部地区，包括我国西北地区的陕西、宁夏回族自治区、甘肃、青海、新疆维吾尔自治区和西南地区的重庆、四川、云南、贵州、西藏自治区，还包括内蒙古自治区和广西壮族自治区。② 其土地面积为685万平方千米，占全国国土面积的71%，人口约3.65亿，约占全国总人口的28.19%。③

西部地区地广人稀，经济发展水平较低，亟待加强开发。1999年东部地区人均生产总值已达10276元，而西部地区只有4171元。如果不加快西部地区发展，地区差距不断拉大的局面就很难得到控制。从人民生活水平来看，西部地区与东部地区相比明显偏低。1999年，东部地区城镇居民家庭人均年可支配收入为7523元，西部地区为5284元，东部地区农村居民家庭人

---

① 赵公卿，汪同三，魏建国. 中国经济西进［M］. 北京：社会科学文献出版社，2001.
② 2000年10月26日，国务院发布《关于实施西部大开发若干政策措施的通知》，明确了西部地区的具体范围和若干政策措施。
③ 张军扩，侯永志. 中国：区域政策与区域发展［M］. 北京：中国发展出版社，2010.

均全年纯收入为2995元，西部地区为1634元。全国尚存的贫困人口大多数分布在地域偏远、交通闭塞、生态环境恶劣的西部地区，脱贫难度很大。到1999年，按人均625元的贫困标准统计，全国3400万没有脱贫的农村贫困人口中，60%左右分布在西部地区。全国592个贫困县，西部地区就有307个。解决这些贫困人口的温饱问题，是全国扶贫工作中最难啃的骨头。①

1999年3月，江泽民同志在"两会"党员负责同志会议上，谈到西部地区大开发的问题。1999年3月22日，《国务院关于进一步推进西部大开发的若干意见》提出了进一步推进西部大开发的10条意见。1999年6月9日，在中央扶贫开发工作会议上，江泽民说："加快中西部地区发展步伐的条件已经基本具备，时机已经成熟。"② 1999年6月17日，江泽民在西安主持召开西北地区国有企业改革和发展座谈会时说："经过二十年的改革和发展，我国社会生产力上了一个大台阶，过去长期困扰我们的商品短缺状况有了根本改变。东部地区的进一步发展，越来越受到市场、资源、环境等各方面的制约，相当一部分资金、技术、人才资源需要寻找新的发展空间。特别是在当前国际市场竞争日趋激烈的情况下，我们必须抓紧研究、部署和尽快启动西部大开发这项世纪工程。"③

1999年9月，中国共产党第十五届中央委员会第四次全体会议正式提出西部大开发战略，并强调指出，这一开发战略是直接关系到扩大内需，促进经济增长，关系到东西部协调发展和最终实现共同富裕的重大问题，是党中央总揽全局、面向新世纪做出的重大决策。④

进入21世纪后，随着西部大开发战略的稳步推进，多项相关政策规划相继出台，各项发展任务和重点工作得到部署实施，西部地区经济取得快速发展。⑤

---

① 曾培炎．西部大开发决策回顾［M］．北京：中共党史出版社，2010.

②③ 江泽民．江泽民文选（第二卷）［M］．北京：人民出版社，2006.

④ 张军扩，侯永志．中国：区域政策与区域发展［M］．北京：中国发展出版社，2010.

⑤ 2000年1月，国务院西部地区开发领导小组首次召开西部地区开发会议，研究提出加快西部地区发展的基本思路、战略任务和工作重点，标志着西部大开发战略的初步实施迈出了实质性步伐。

2000 年 6 月 20 日，江泽民同志在兰州主持召开西北地区党建工作和西部开发座谈会时，说："要选择现有经济基础较好、人口较为密集、沿交通干线和城市枢纽的一些地区，作为开发的重点区域。以线串点，以点带面，依托欧亚大陆桥、长江黄金水道和西南出海通道，促进西陇海经济带、长江上游经济带和南贵昆经济带的形成，在这些交通干线上重点发展一批中心城市，带动周围地区发展。"① 江泽民同志指出，要把西部开发与东部、中部地区发展结合起来。"要适应发展市场经济的新条件，努力形成我国东、中、西部地区相互支持、互相促进、协调发展的良好格局。"②

2000 年 10 月 11 日，中共中央决定，"实施西部大开发战略，加快中西部地区发展，关系经济发展、民族团结、社会稳定，关系地区协调发展和最终实现共同富裕"，"力争用五到十年时间，使西部地区基础设施和生态环境建设有突破性进展，西部开发有一个良好的开局"。"国家实行重点支持西部大开发的政策措施，增加建设资金投入。加大对西部地区特别是少数民族地区财政转移支付力度。加快西部地区改革和扩大对内对外开放步伐，发挥多种所有制经济活力。""大力推进多种形式的地区经济技术合作，实现优势互补，支持中西部地区发展。"③

2000 年 12 月，国务院决定扩大西部地区对外对内开放，改善西部地区的投资环境，增加对西部地区的资金投入，推动西部地区发展科技教育，采取优惠政策和激励措施吸引人才积极参与西部大开发。④

2001 年 3 月 5 日，朱镕基同志在第九届全国人民代表大会第四次会议上说："实施西部大开发战略，加快中西部地区发展，是我国迈向现代化建设第三步战略目标的重要部署。"⑤ "十五"（2001—2005 年）计划提出，"实施西部大开发战略，加快中西部地区发展，合理调整地区经济布局，促进地

①② 江泽民. 江泽民文选（第三卷）［M］. 北京：人民出版社，2006.
③ 《十一届三中全会以来历次党代会、中央全会报告 公报 决议 决定》编写组. 十一届三中全会以来历次党代会、中央全会报告 公报 决议 决定（下册）［M］. 北京：中国方正出版社，2008.
④ 2000 年 12 月，国务院颁布《关于西部大开发若干政策措施的通知》。
⑤ 全国人大财政经济委员会办公室. 建国以来国民经济和社会发展五年计划重要文件汇编［G］. 北京：中国民主法制出版社，2007.

区经济协调发展"。① "西部开发要依托亚欧大陆桥、长江水道、西南出海通道等主要交通干线，发挥中心城市的集聚功能和辐射作用，以线串点，以点带面，培育西陇海兰新线经济带、长江上游经济带和南（宁）贵（阳）昆（明）等经济区，带动周围地区发展。西部地区要立足于自身力量，发扬艰苦创业精神，做好长期奋斗的准备，加快改革开放步伐，营造良好的投资环境，更多更好地吸引境内外资金、技术和人才参与西部开发。"②

2001年8月，国务院颁布《关于西部大开发若干政策措施的若干意见》，这是一个比较完整的政策规定，进一步明确了西部大开发的政策措施。

2002年7月，国家计划委员会、国务院西部地区开发领导小组办公室联合发布了《"十五"西部开发总体规划》，明确实施西部大开发的指导方针和战略目标，以及"十五"期间西部大开发的主要任务、重点区域和政策措施，这标志着西部大开发第一个五年规划正式形成。

《西部大开发"十五"规划》提出，促进西部经济发展和结构调整，必须把农业放在首要位置，要加大农业基础设施建设力度，充分发挥农业资源优势，调整和优化农业与农村经济结构，为西部大开发打好基础；促进优势农副产品、矿产资源产品、旅游业的市场竞争力明显提高，传统工业改造取得明显进展，有优势的高新技术产业开始形成规模，产业结构调整取得明显进展，经济增长的质量显著改善，经济效益不断提高。③

2002年11月8日，党的十六大报告强调，"积极推进西部大开发，促进区域经济协调发展"。"国家要在投资项目、税收政策和财政转移支付等方面加大对西部地区的支持，逐步建立长期稳定的西部开发资金渠道。着力改善投资环境，引导外资和国内资本参与西部开发。"④

---

① 着重加强基础设施和生态环境建设，力争五到十年内取得突破性进展，同时使科技、教育有较大发展。从各地实际出发，调整和优化产业结构，培育和形成各具特色的地区经济。

② 刘江. 中国地区经济发展战略研究 [M]. 北京：中国农业出版社，2003.

③ 李敏纳，蔡舒，张慧蓉. 中美西部开发比较研究——基于资源和产业开发的视角 [M]. 北京：经济管理出版社，2018.

④ 中共中央文献研究室. 十六大以来重要文献选编（上）[M]. 北京：中央文献出版社，2005.

2003年10月14日，中国共产党第十六届中央委员会第三次全体会议通过《中国共产党第十六届中央委员会第三次全体会议公报》，指出"加强对区域发展的协调和指导，积极推进西部大开发，有效发挥中部地区综合优势，支持中西部地区加快改革发展，振兴东北地区等老工业基地，鼓励东部有条件地区率先基本实现现代化"①。

2004年3月21日，国务院发布《关于进一步推进西部大开发的若干意见》，指出"实施西部大开发，是关系国家经济社会发展大局，关系民族团结和边疆稳定的重大战略部署"。四年来取得重要进展，对扩大内需，促进东西互动，做出了重要贡献。"实施西部大开发是一项长期艰巨的历史任务。"进一步推进西部大开发，要重点推进生态文明建设和重点工程建设，发展特色产业，培育区域经济增长极，改善生产生活条件，发展科技、教育、文化、卫生等社会事业，拓宽资金渠道，加强人才队伍建设和法制建设等。②

西部大开发共分三个阶段：2000—2005年为开发启动阶段，其主要任务是搞好规划、研究政策、建立机构、搞好宣传、夯实基础、加快基础建设；2006—2015年是大规模开发阶段，以提高西部地区开发能力和建立良性开发机制为主攻目标，扩大投资规模，加快开发步伐；2016—2050年为全面提高阶段，即大幅度提高西部城市化、市场化和国际化水平。③

二、振兴东北地区等老工业基地

随着改革开放的不断深入，东北地区老工业基地体制性和结构性矛盾日趋显现。④

2002年11月，党的十六大报告提出，"支持东北地区等老工业基地加快调整和改造，支持以资源开采为主的城市和地区发展接续产业"。这是促进

---

① 《十一届三中全会以来历次党代会、中央全会报告 公报 决议 决定》编写组. 十一届三中全会以来历次党代会、中央全会报告 公报 决议 决定（下册）[M]. 北京：中国方正出版社，2008.
② 中共中央文献研究室. 十六大以来重要文献选编（上）[M]. 北京：中央文献出版社，2005.
③ 张军扩，侯永志. 中国：区域政策与区域发展 [M]. 北京：中国发展出版社，2010.
④ 加快东北老工业基地振兴，已经成为我国在21世纪新的发展阶段重大而紧迫的任务。

地区协调发展的重要一着棋。①

2003 年 8 月 3 日，温家宝同志在吉林长春召开的振兴东北老工业基地座谈会上说，"加快东北老工业基地振兴的条件具备，时机成熟"；"振兴产业和企业要有重点"，"不论什么产业和企业，都必须在市场竞争中实现优胜劣汰"；要"继续从战略上调整经济结构""切实加强企业技术改造""努力实现全面、协调和可持续发展""积极搞好就业和社会保障体系建设""加快发展科技教育事业和实施人才战略""大力推进改革开放"。②

2003 年 9 月 29 日③，中国全面启动振兴东北老工业基地战略。东北地区的振兴和发展，是全面建设小康社会的迫切需要，这一举措对于全国产业结构的优化升级和区域经济的协调发展，都具有重要意义。④

2003 年 10 月，中共中央、国务院下发振兴东北的若干意见⑤，明确振兴东北的意义、指导思想和原则，从加快体制和机制创新、全面推进工业结构优化升级、大力发展现代农业、积极发展第三产业、推进资源型城市经济转型等方面确定振兴方向，并从就业和再就业、分离企业办社会职能试点、财政转移支付与税收优惠等方面提出需要完善的相关措施。

2003 年 12 月，国务院振兴东北地区等老工业基地领导小组成立，温家宝同志任组长。2004 年 3 月，温家宝同志主持召开国务院振兴东北地区等老工业基地领导小组第一次全体会议，会议提出，实施东北地区等老工业基地振兴战略，要抓好"创新、转型、开放、就业"四个方面的重点工作。2005 年 8 月 11 日至 12 日，国务院在大连召开东北地区资源型城市可持续发展座谈会和东北地区中央下放地方煤矿棚户区改造试点工作座谈会，研究解决资源枯竭城市存在的贫困、失业、环境问题以及棚户区改造的政策措施。2005

---

①② 中共中央文献研究室．十六大以来重要文献选编（上）［M］．北京：中央文献出版社，2005.

③ 2003 年 9 月 29 日，中共中央政治局讨论通过《关于实施东北地区等老工业基地振兴战略的若干意见》，标志振兴东北老工业基地战略全面启动。

④ 张军扩、侯永志．中国：区域政策与区域发展［M］．北京：中国发展出版社，2010.

⑤ 2003 年 10 月，中共中央、国务院下发《关于实施东北地区等老工业基地振兴战略的若干意见》。

年 10 月 19 日，温家宝同志主持召开国务院常务会议，研究东北地区厂办大集体改革试点问题，讨论并通过《国务院关于完善企业职工基本养老保险制度的决定》。

三、鼓励东部地区率先发展

国家"十五"计划提出，"促进经济特区和浦东新区增创新优势，进一步发挥环渤海、长江三角洲、闽东南地区、珠江三角洲等经济区域在全国经济增长中的带动作用"①。

为充分发挥东部地区优势，2003 年，国务院批准上海外高桥实行区港联动试点。2004 年 8 月，青岛、宁波、大连、张家港、厦门象屿、深圳盐田港、天津等七个保税区成为继上海外高桥保税区之后的第二批区港联动试点。2005 年 6 月，国务院批准上海浦东新区为全国综合配套改革试验区，并批准设立上海洋山保税港区。

从表 4-4 可见，2001—2005 年，在上述区域经济政策的刺激下，我国中西部地区和东北地区的全社会固定资产投资增长速度相当可观，其年均增长速度不仅都超过了东部地区的 21.40% 和全国平均水平 22.08%，而且均超过了 23%。

表 4-4　2001—2009 年各地区全社会固定资产投资增长速度　　单位：%

年份 地区	2001	2002	2003	2004	2005	2006	2007	2008	2009	2001— 2005	2006— 2009
全国	13.00	16.90	27.70	26.80	26.00	23.80	24.80	25.50	30.10	22.08	26.05
东部	11.30	16.10	33.20	24.50	21.90	19.60	18.70	19.30	23.00	21.40	20.15
东北	14.20	12.90	20.60	32.50	37.60	37.00	32.30	35.20	26.80	23.60	32.83
中部	14.20	16.60	27.20	32.10	28.90	29.50	32.80	31.90	35.80	23.80	32.50
西部	17.20	19.00	27.30	26.80	28.30	24.20	28.40	26.90	38.10	23.72	29.40

注：表中地区范围按目前分法，即东部 10 个、东北 3 个、中部 6 个、西部 12 个。
资料来源：魏后凯. 中国区域政策：评价与展望 [M]. 北京：经济管理出版社，2010.

---

① 全国人大财政经济委员会办公室. 建国以来国民经济和社会发展五年计划重要文件汇编 [G]. 北京：中国民主法制出版社，2007.

四、加大力度扶持民族地区、边疆地区、贫困地区发展

2000年，国务院先后批准对湖南湘西土家族苗族自治州、湖北恩施土家族苗族自治州、吉林延边朝鲜族自治州等地区，在实际工作中比照有关政策措施予以照顾。

国家"十五"计划提出，"加大支持力度，加快少数民族地区经济与社会全面发展，重点支持少数民族地区的扶贫开发、牧区建设、民族特需用品生产、民族教育和民族文化事业发展。促进西部边疆地区与周边国家和地区开展经济技术与贸易合作，逐步形成优势互补、互惠互利的国际区域合作新格局"①。"要重点做好中西部的少数民族地区、革命老区、边疆地区和特困地区的扶贫工作，尽快使剩余贫困人口实现脱贫。坚持开发式扶贫，加大对贫困地区的财政转移支付力度，多方面增加扶贫资金投入，提高资金使用效益。加强贫困地区基础设施建设，加快发展教育、文化、卫生事业。扩大以工代赈规模，加强乡村道路、人畜饮水、基本农田、小型水利设施建设，改善贫困地区基本的生产和生活条件。对少数生存环境恶劣的贫困地区，要创造条件，易地开发。对返贫地区和人口继续给予支持。"②

改革开放以后，我国扶贫开发工程不断取得新进展。③2001年，全国农村未解决温饱的贫困人口为2927万，低收入贫困人口达6102万。到2005年底，全国农村未解决温饱的贫困人口减少至2365万，低收入贫困人口减少到4067万。④联合国开发计划署在《2005年人类发展报告》中指出，"中国在全球千年发展目标中所做的贡献，给予再高的评价也不过分。如果没有中国的进步，整个世界在减贫方面从总体上说是倒退了"⑤。

---

①② 全国人大财政经济委员会办公室. 建国以来国民经济和社会发展五年计划重要文件汇编 [G]. 北京：中国民主法制出版社，2007.

③ 特别是随着《国家八七扶贫攻坚计划（1994—2000年）》和《中国农村扶贫开发纲要（2001—2010年）》的实施，农村贫困人口大幅减少，收入水平稳步提高，贫困地区基础设施明显改善，社会事业不断进步，最低生活保障制度全面建立，农村居民生存和温饱问题基本解决。

④⑤ 张军扩、侯永志. 中国：区域政策与区域发展 [M]. 北京：中国发展出版社，2010.

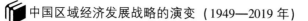

但是，我国扶贫开发任务依旧非常艰巨。[①] 据统计，2006 年，西部地区的绝对贫困和低收入贫困发生率仍高达 13.7%；在边境地区 41 个国家扶贫开发工作重点县中，绝对贫困发生率达 11.5%，低收入贫困发生率高达 28.5%。[②]

第三节　区域经济非均衡协调发展战略的政策效应

一、中国经济高速发展，综合国力明显增强

这一时期，中国的对外开放程度不断扩大，与世界经济的联系更加紧密。2001 年加入 WTO 后 5 年，我国进出口贸易总额年均增速高达 28%，截至 2006 年底，总规模达到 1.76 万亿美元，累计实际利用外资超过 6850 亿美元。[③] 这在一定程度上推动了中国经济加速发展。

1991—2005 年，经济持续快速发展使中国的综合国力明显增强，人民生活水平显著提高。从表 4-5 可见，我国 GDP 从 1991 年的 21781.5 亿元增加到 1999 年的 89677.1 亿元，9 年实现了年均 10.68% 的高速增长，其中 1992—1994 年的年均增速更是高达 13.76% 以上（见表 4-5）。2000 年，中国国内生产总值首次突破 1 万亿美元，进出口总额达 4743 亿美元。[④] 2003

① 我国经济社会发展总体水平不高，区域发展不平衡问题突出，制约贫困地区发展的深层次矛盾依然存在。扶贫对象规模大，相对贫困问题凸显，返贫现象时有发生，贫困地区特别是集中连片特殊困难地区发展相对滞后。与此同时，我国工业化、信息化、城镇化、市场化、国际化不断深入，经济发展方式加快转变，国民经济保持平稳较快发展，综合国力明显增强，社会保障体系逐步健全，为扶贫开发创造了有利环境和条件。我国扶贫开发已经从以解决温饱为主要任务的阶段转入巩固温饱成果、加快脱贫致富、改善生态环境、提高发展能力、缩小发展差距的新阶段。

② 魏后凯. 中国区域政策：评价与展望 [M]. 北京：经济管理出版社，2010.

③ 张军扩，侯永志. 中国：区域政策与区域发展 [M]. 北京：中国发展出版社，2010.

④ 全国人大财政经济委员会办公室. 建国以来国民经济和社会发展五年计划重要文件汇编 [G]. 北京：中国民主法制出版社，2007.

年，中国人均 GDP 首次突破 1 万元。2001—2005 年，中国经济持续发力，我国 GDP 从 2001 年增长 8.3% 到 2005 年增长 11.4%（见表 4-6），连续五年不断提高经济发展速度，经济实力显著增强，缩小了与发达国家之间的差距。这一时期，我国第二产业在三次产业中发展规模最大，发展速度较快；第三产业紧随其后，也获得了快速发展；第一产业发展较为平稳，在三次产业中所占比重最小（见图 4-1）。

表 4-5　1990—2008 年中国国内生产总值　　　　　　单位：亿元

年份	国民总收入	国内生产总值	第一产业	第二产业	第三产业	人均国内生产总值（元/人）
1990	18718.3	18667.8	5062.0	7717.4	5888.4	1644.0
1991	21826.2	21781.5	5342.2	9102.2	7337.1	1893.0
1992	26937.3	26923.5	5866.6	11699.5	9357.4	2311.0
1993	35260.0	35333.9	6963.8	16454.4	11915.7	2998.0
1994	48108.5	48197.9	9572.7	22445.4	16179.8	4044.0
1995	59810.5	60793.7	12135.8	28679.5	19978.5	5046.0
1996	70142.5	71176.6	14015.4	33835.0	23326.2	5846.0
1997	78060.8	78973.0	14441.9	37543.0	26988.1	6420.0
1998	83024.3	84402.3	14817.6	39004.2	30580.5	6796.0
1999	88479.2	89677.1	14770.0	41033.6	33873.4	7159.0
2000	98000.5	99214.6	14944.7	45555.9	38714.0	7858.0
2001	108068.2	109655.2	15781.3	49512.3	44361.6	8622.0
2002	119095.7	120332.7	16537.0	53896.8	49898.9	9398.0
2003	135174.0	135822.8	17381.7	62436.3	56004.7	10542.0
2004	159586.7	159878.3	21412.7	73904.3	64561.3	12336.0
2005	184088.6	183217.4	22420.0	87364.6	73432.9	14053.0
2006	213131.7	211923.5	24040.0	103162.0	84721.4	16165.0
2007	259258.9	257305.6	28627.0	124799.0	103879.6	19524.0
2008	302853.4	300670.0	34000.0	146183.4	120486.6	22698.0

注：本表按当年价格计算；国民总收入与国内生产总值的差额为国外净要素收入。

资料来源：国家统计局国民经济综合统计司．新中国六十年统计资料汇编［M］．北京：中国统计出版社，2010.

生产总值（百亿元）

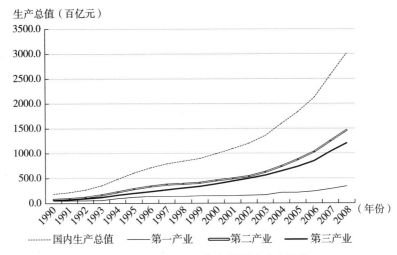

- - - - 国内生产总值　　——— 第一产业　　▒▒▒ 第二产业　　——— 第三产业

图4-1　1990—2008年中国国内生产总值

表4-6　1990—2008年中国国内生产总值指数（上年＝100）

年份	国民总收入	国内生产总值	第一产业	第二产业	第三产业	人均国内生产总值
1990	104.1	103.8	107.3	103.2	102.3	102.3
1991	109.1	109.2	102.4	113.9	108.9	107.7
1992	114.1	114.2	104.7	121.2	112.4	112.8
1993	113.7	114.0	104.7	119.9	112.2	112.7
1994	113.1	113.1	104.0	118.4	111.1	111.8
1995	109.3	110.9	105.0	113.9	109.8	109.7
1996	110.2	110.0	105.1	112.1	109.4	108.9
1997	109.6	109.3	103.5	110.5	110.7	108.2
1998	107.3	107.8	103.5	108.9	108.4	106.8
1999	107.9	107.6	102.8	108.1	109.3	106.7
2000	108.6	108.4	102.4	109.4	109.7	107.6
2001	108.1	108.3	102.8	108.4	110.3	107.5
2002	109.5	109.1	102.9	109.8	110.4	108.4
2003	110.6	110.0	102.5	112.7	109.5	109.3
2004	110.4	110.1	106.3	111.1	110.1	109.4
2005	111.2	111.4 *	105.2	111.7	110.5	109.8
2006	111.8	112.7 *	105.0	113.0	112.1	111.0

续表

年份	国民总收入	国内生产总值	第一产业	第二产业	第三产业	人均国内生产总值
2007	113. 3	114. 2*	103. 7	114. 7	113. 8	112. 5
2008	108. 9	109. 7*	105. 5	109. 3	109. 5	108. 4

注：本表按不变价格计算。＊数据来源于国家统计局网站之国家数据，https：//data.stats.gov.cn/easyquery.htm？cn＝C01。

资料来源：国家统计局国民经济综合统计司. 新中国六十年统计资料汇编［M］. 北京：中国统计出版社，2010.

二、分工格局趋于合理化

实施西部大开发和振兴东北地区等老工业基地战略后，区域经济呈现出在快速增长中寻求协调发展的良好势头，制约各大区域发展的突出难题得到了一定程度的缓解。总的来说，由于采取了统筹规划、因地制宜、发挥优势、协调发展的方针，我国西部、东部和东北地区的发展重点更加突出，特色更加鲜明，成效更加可观。

（一）西部大开发为推动区域经济协调发展打下坚实基础

实施西部大开发战略后，西部地区的基础设施建设和重点工程建设取得重要进展，特色产业呈现良好发展势头，教育、文化、卫生、社会保障事业不断推进。西部地区人民的生活条件得到改善，精神面貌焕然一新。

西部地区的经济发展规模和水平实现同步大幅提升。2000年，西部地区生产总值为16654.6亿元。2005年，西部地区生产总值达到33493.3亿元，是2000年的2倍以上。西部地区2000年的人均生产总值只有4601.7元。2005年，西部地区人均生产总值达到9338元，是2000年的2.03倍。

西部地区产业结构逐步优化，产业发展动能持续增强。西部三次产业比例由2000年的22.3∶41.5∶36.2变为2005年的17.6∶42.8∶39.6，① 第二

---

① 李敏纳，蔡舒，张慧蓉. 中美西部开发比较研究——基于资源和产业开发的视角［M］. 北京：经济管理出版社，2018.

产业和第三产业发展较快。①

（二）东部地区率先发展继续保持良好态势

这一时期，东部沿海地区经济规模和发展水平继续保持领先优势。东部地区在增强我国综合国力和国际竞争力方面继续发挥重要作用。从表4-7 可见，2005 年，东部地区生产总值、进出口总额、全社会固定资产投资总额和社会消费品零售总额分别达到 109924.6 亿元、12781.6 亿美元、45626.3 亿元和36973.8 亿元，占全国比重分别高达 55.6%、89.9%、52.4%和 54.4%。

表4-7　2005 年各地区国民经济和社会发展主要指标

指标	东部 10 省（市）		中部 6 省		西部 12 省（区、市）		东北 3 省	
	合计	占全国比重	合计	占全国比重	合计	占全国比重	合计	占全国比重
地区生产总值	109924.6 亿元	55.6%	37230.3 亿元	18.8%	33493.3 亿元	16.9%	17140.8 亿元	8.7%
第一产业总值	8681.8 亿元	37.7%	6204.6 亿元	27.0%	5924.6 亿元	25.8%	2192.6 亿元	9.5%
第二产业总值	56673.2 亿元	58.5%	17412.7 亿元	18.0%	14331.6 亿元	14.8%	8505.8 亿元	8.8%
第三产业总值	44569.7 亿元	57.2%	13613.1 亿元	17.5%	13237.1 亿元	17.0%	6442.4 亿元	8.3%
人均地区生产总值	23768.0 元	—	10608.0 元	—	9338.0 元	—	15982.0 元	—
全社会固定资产投资总额	45626.3 亿元	52.4%	16145.6 亿元	18.5%	17645.0 亿元	20.3%	7678.8 亿元	8.8%
进出口总额	12781.6 亿美元	89.9%	415.1 亿美元	2.9%	451.3 亿美元	3.2%	571.1 亿美元	4.0%

---

① 西部大开发战略实施以来，随着西部投资环境和条件的不断改善，依托产业园区和产业配套基础，西部各省份均积极推动建设各具特色的承接产业转移基地，加大力度承接东部沿海和国际产业转移，这为西部地区产业发展注入了强大的动力，推动农产品生产加工、资源深加工、文化生态旅游等特色优势产业和装备制造、电子信息、新能源等新兴产业加快发展。

续表

指标	东部10省（市）		中部6省		西部12省（区、市）		东北3省	
	合计	占全国比重	合计	占全国比重	合计	占全国比重	合计	占全国比重
出口额	6798.0亿美元	89.2%	244.2亿美元	3.2%	257.6亿美元	3.4%	319.7亿美元	4.2%
进口额	5983.5亿美元	90.7%	170.9亿美元	2.6%	193.8亿美元	2.9%	251.3亿美元	3.8%
社会消费品零售总额	36973.8亿元	54.4%	13184.5亿元	19.4%	11580.5亿元	17.0%	6219.9亿元	9.2%
城镇居民可支配收入	13375.0元	—	8809.0元	—	8783.0元	—	8730.0元	—
农村居民人均纯收入	4720.0元	—	2957.0元	—	2379.0元	—	3379.0元	—

注：表中涉及分地区数据相加不等于全国总计的指标，在计算比重时，分母为31个省（区、市）相加的合计数。

资料来源：国家统计局国民经济综合统计司.中国区域经济统计年鉴2006［M］.北京：中国统计出版社，2007.

中国东部沿海地区已形成三大具有国际竞争力的"增长极"，即长三角经济区、珠三角经济区和京津冀都市圈。这三大经济增长极担负着国家对外开放"窗口"、经济增长引擎、区域辐射带动和改革示范引领等重要使命。

如表4-8所示，2004年和2005年，土地面积仅占全国1.1%左右的长江三角洲经济区，总人口约8200万余人，占全国总人口的6.3%左右，地区生产总值分别达到28775.0亿元和33567.0亿元，占全国比重高达21.1%和18.33%，人均地区生产总值分别达到35040.0元和40613.0元，分别高出全国平均水平22704元和26560元。在引进外资和发展进出口贸易方面，长江三角洲经济区更加充分地发挥出重要引领示范作用。2004年和2005年，长江三角洲经济区的实际外商直接投资分别达到209.9亿美元、266.0亿美元，占全国比重分别高达34.6%、44.06%。2004年和2005年，长江三角洲经济区的进出口总额分别高达4013.9亿美元（占全国的34.8%）、5024.0亿美元（占全国的 35.33%）。2006 年和 2007 年，长江三角洲经济区的进出口总额分别比上年增长 24.55% 和 24.26%，分别达到了 6257.4 亿美元和 7775.6 亿美元。2006 年，长三角经济区的国内生产总值为 47754.0 亿元，占全国的 21%。若按 2006 年人民币汇率中间价 1 美元 = 7.9718 元人民币计算，长三角经济区的经济总量约为 5990 亿美元，已超过俄罗斯 2004 年的经济规模（5814 亿美元），接近韩国（6790 亿美元）的经济规模了。[①]

2006 年，珠三角经济区的 GDP 达到 21424.28 亿元，占全国 GDP 的 10.2%，人均 GDP 达到 49153 元，超过中高收入国家人均 GDP 水平。[②]

京津冀都市圈的土地面积为 18.5 万平方千米，占全国的 1.9%，2004 年总人口 6967 万人，占全国的 5.36%，2005 年实现地区生产总值 18336.58 亿元，约占全国的 9.3%。[③]

表 4-8　2004—2007 年长江三角洲经济区主要经济指标

指标	2004 年		2005 年		2006 年		2007 年	
	合计	占全国比重	合计	占全国比重	合计	比上年增长	合计	比上年增长
土地面积	109654.0 平方千米	1.1%	109654.0 平方千米	1.14%	100105.0 平方千米	-8.7%	110115.0 平方千米	10.0%
年底总人口	8212.0 万人	6.3%	8265.0 万人	6.32%	8321.6 万人	0.7%	8368.3 万人	0.6%
地区生产总值	28775.0 亿元	21.1%	33567.0 亿元	18.33%	39612.5 亿元	14.1%	46860.7 亿元	15.0%
第一产业总值	1324.7 亿元	6.4%	1395.0 亿元	6.05%	1472.9 亿元	—	1573.4 亿元	—
第二产业总值	16073.4 亿元	22.2%	18693.0 亿元	21.47%	21764.4 亿元	—	25384.4 亿元	—
第三产业总值	11377.4 亿元	30.0%	13875.0 亿元	19.02%	16375.3 亿元	—	19903.2 亿元	—

①②③　张军扩，侯永志. 中国：区域政策与区域发展 [M]. 北京：中国发展出版社，2010.

续表

指标	2004 年		2005 年		2006 年		2007 年	
	合计	占全国比重	合计	占全国比重	合计	比上年增长	合计	比上年增长
人均地区生产总值	35040.0 元	—	40613.0 元	—	41522.0 元	—	48586.0 元	—
全社会固定资产投资总额	13650.7 亿元	19.4%	16172.0 亿元	18.22%	18517.5 亿元	14.5%	21337.5 亿元	15.7%
社会消费品零售总额	8258.9 亿元	15.2%	10739.0 亿元	15.99%	12351.8 亿元	15.0%	14427.9 亿元	16.8%
进出口总额	4013.9 亿美元	34.8%	5024.0 亿美元	35.33%	6257.4 亿美元	24.55%	7775.6 亿美元	24.26%
实际外商直接投资	209.9 亿美元	34.6%	266.0 亿美元	44.06%	316.4 亿美元	20.6%	371.4 亿美元	18.4%

注：长江三角洲是指包括上海市、江苏省的南京、苏州、无锡、常州、镇江、南通、扬州和泰州，以及浙江省的杭州、宁波、嘉兴、湖州、绍兴、舟山和台州市 16 个地级以上城市。

资料来源：国家统计局国民经济综合统计司．中国区域经济统计年鉴 2005—2009 ［M］．北京：中国统计出版社，2009.

（三）东北地区经济和社会发展加快

2004—2005 年，国家在东北地区分别安排了 297 个和 234 个老工业基地调整改造项目，总投资分别高达 1089 亿元和 602 亿元，东北三省一大批老工业基地调整改造重大项目顺利实施。[①] 2003 年实施振兴东北地区等老工业基地战略后，东北地区加快推进国有企业改制重组，加快调整和优化产业结构，积极推进增值税转型、完善城镇社会保障体系等试点工作，稳步推进资源枯竭型城市转型和棚户区改造，东北地区经济和社会发展加快。

2003—2005 年，东北三省固定资产投资持续快速增长。[②] 2004—2006

---

① 张军扩，侯永志．中国：区域政策与区域发展 ［M］．北京：中国发展出版社，2010.
② 2003 年，东北三省固定资产投资增速低于全国平均水平 6.9 个百分点。2004 年和 2005 年，东北三省固定资产投资分别达到 4959 亿元和 6904 亿元，同比增长分别高达 33.5% 和 39.3%，分别高出全国当年增速 5.9 个百分点和 12.1 个百分点。2003—2005 年，东北地区固定资产投资占全国的比重分别为 7.6%、8.4% 和 9.2%，每年递增 0.8 个百分点。

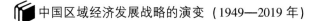

年，是东北三省发展较快较好的时期之一。①

2004—2006 年，东北地区社会消费需求渐趋旺盛。2004 年，东北地区社会消费品零售总额为 5450.8 亿元，同比增速达到 13.2%，但低于全国平均水平，而到了 2005 年和 2006 年②，分别高于全国当年平均水平 0.5 个百分点和 0.6 个百分点。③

2005 年，东北三省农民年人均纯收入达到 3379 元，实现了较大增长。2004—2006 年，东北三省城镇居民收入稳定提高，其增速等于或高于全国平均水平。2004 年，辽宁省、吉林省和黑龙江省城镇居民家庭人均可支配收入分别为 8008 元、7841 元和 7471 元，同比增长分别为 7.6%、11.9% 和11.9%，其中，辽宁增速与全国平均增速相当，吉林和黑龙江的增速均高于全国平均增速 4.2 个百分点。2005 年，辽宁省、吉林省和黑龙江省城镇居民家庭人均可支配收入分别达到 9108 元、8691 元和 8273 元，同比增长分别为13.7%、10.8% 和 10.7%，其增速分别高于全国平均增速 3.2 个百分点、1.2个百分点和 1.1 个百分点。④ 2004—2006 年，东北三省城镇居民家庭人均可支配收入增速等于或高于全国当年平均水平，其绝对值依旧低于全国平均水平，但是，其差距有所缩小。

2004—2006 年，东北地区实际利用外商直接投资额迅速增长。2004 年，东北三省实际利用外商直接投资达到 59.4 亿元⑤。2005 年，全国实际利用

---

① 2004—2006 年，东北三省三年 GDP 年平均增速为 12.6%，比实施振兴战略前三年（2001—2003 年）的年平均增速提高了 2.6 个百分点。2004 年、2005 年和 2006 年，东北三省地区生产总值分别为 1.51 万亿元、1.71 万亿元和 1.97 万亿元，同比增长分别高达 12.3%、12.0% 和 13.5%，分别高出全国当年增速 2.2 个百分点、1.8 个百分点和 2.8 个百分点。

② 2005 年和 2006 年，东北地区社会消费品零售总额分别达到 6219.9 亿元和 7108.1 亿元，同比增长分别高达 13.4% 和 13.4%。

③ 2006 年，东北地区总人口占全国的比重为 8.2%，GDP 占全国的比重为 8.6%，而社会消费品零售总额却占到全国的 9.3%，可见其社会消费需求比较旺盛。

④ 2006 年，辽宁省、吉林省和黑龙江省城镇居民家庭人均可支配收入分别为 10370 元、9775元和 9182 元，同比增长分别达到 12.6%、12.5% 和 11.0%，其增速分别高于全国平均增速 2.2 个百分点、2.1 个百分点和 0.6 个百分点。

⑤ 同比增长 51.7%，高出全国平均增速 37.6 个百分点。

外商直接投资同比下降 0.5%，而东北三省实际利用外商直接投资同比增长 89.5%①。2006 年，全国实际利用外商直接投资同比下降 4.1%，而东北三省实际利用外商直接投资达到 84.6 亿元，同比增长 48.3%，高出全国平均增速 52.4 个百分点。② 可见，外商对我国东北地区经济发展的信心有所增强。

进入 21 世纪以后，我国区域经济发展差距扩大的势头有所减缓，义务教育和公共卫生的差距也趋于缩小。根据国家统计局的数据，西部地区与全国国内生产总值年均增长速度的差距，由"九五"时期的 2.7 个百分点，缩小到"十五"时期的 1.7 个百分点，扭转了 20 世纪 90 年代以来经济增长速度差距加速扩大的势头。区域之间居民收入差距的缩小也在向着积极的方向发展。③

三、区域发展不平衡未能改变

第一，我国四大区域间经济发展水平的差距过大，且呈现出继续扩大的态势。

如表 4-9 所示，1991—1998 年，东部地区的 GRP 增速最快，其年均 GRP 增速高达 14.76%，比中部地区的 12.09%、西部地区的 10.43% 和东北地区的 9.53% 分别高出 2.67%、4.33%、5.23%。1999—2005 年，我国各地区的 GRP 增长速度之间的差距有所缩小，其中，西部地区和东部地区之间的年均 GRP 增速差距缩小较为明显，东部地区的年均 GRP 增速为 11.93%，比中部地区的 10.30%、西部地区的 10.37% 和东北地区的 10.13% 分别只高出 1.63%、1.56%、1.80%。从人均 GRP 相对水平来看，1991—2005 年，东部地区的人均 GRP 相对水平与东北地区、中部地区及西部地区的相比较，其优势越来越明显，这说明这一时期我国区域经济发展差距呈现出日益扩大的趋势。

---

① 高出全国平均增速 90.0 个百分点。

② 张军扩，侯永志. 中国：区域政策与区域发展 [M]. 北京：中国发展出版社，2010.

③ 2005 年，东部、中部、西部和东北地区的城镇居民家庭人均可支配收入，比 2000 年分别增长了 65%、67%、56% 和 74%（未扣除物价因素）；2006 年，上述四大区域的农村居民家庭人均纯收入，比 2000 年也分别增长了 59%、58%、56% 和 72%（未扣除物价因素）。

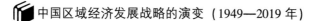

表 4-9　1991—2008 年各地区 GRP 增长速度及人均 GRP 相对水平的变化

年份	GRP 增长速度（%）				人均 GRP 相对水平（以各地区平均为100）			
	东部地区	东北地区	中部地区	西部地区	东部地区	东北地区	中部地区	西部地区
1991	13.3	6.3	5.6	8.6	137.5	134.7	72.7	71.8
1992	19.2	10.5	14.1	11.8	141.9	128.8	71.8	69.5
1993	19.5	12.2	15.1	13.2	145.2	132.2	69.9	66.6
1994	17.1	10.9	14.5	11.2	148.1	127.4	69.8	65.0
1995	14.7	8.4	13.6	9.9	149.2	119.5	72.2	63.5
1996	12.2	10.2	13.3	10.3	149.2	117.2	73.9	62.6
1997	11.6	9.3	11.5	9.6	149.4	117.1	74.6	61.7
1998	10.5	8.4	9.0	8.8	150.8	116.4	73.4	61.6
1999	9.9	7.9	7.9	7.3	152.5	116.6	72.3	60.7
2000	10.5	8.7	8.9	8.5	147.6	118.7	73.1	60.9
2001	10.2	9.1	9.0	9.0	156.5	115.1	67.3	60.0
2002	11.6	10.1	9.8	10.3	157.9	113.0	66.5	59.7
2003	13.4	10.8	10.8	11.5	159.8	109.2	65.7	59.2
2004	14.4	12.3	13.0	12.9	159.2	104.7	66.9	59.5
2005	13.5	12.0	12.7	13.1	153.7	103.4	68.6	60.4
2006	14.2	13.5	13.1	13.2	153.2	101.9	68.5	61.1
2007	14.2	14.1	14.2	14.5	151.0	102.0	69.8	62.1
2008	11.1	13.4	12.2	12.4	148.0	103.7	71.2	63.8

注：GRP，即区域生产总值（Gross Regional Product）的英文缩写。

资料来源：魏后凯. 中国区域政策：评价与展望［M］. 北京：经济管理出版社，2010.

第二，我国各大区域间居民收入水平的差距小于经济发展水平的差距，但也呈现出日益扩大的态势，各地城乡差距也明显扩大。

如表 4-7 所示，2005 年，东部地区的人均 GDP 为 23768.0 元，比东北地区的 15982.0 元多 7786.0 元，比中部地区的 10608.0 元多 13160.0 元，比西部地区的 9338.0 元多 14430.0 元。2005 年，东部地区的城镇居民可支配收入达到 13375.0 元，比东北地区的 8730.0 元多 4645.0 元，比中部地区的 8809.0 元多 4566.0 元，比西部地区的 8783.0 元多 4592.0 元。2005 年，东部地区的农村居民人均纯收入为4720.0元，几乎是西部地区的两倍，比中部地区的2957.0元多1763.0元，比东北地区的3379.0元多1341.0元。然而东部地区的城乡居民收入差距达到8655.0元，中部地区的城乡居民收入差距为5852.0元，西部地区的城乡居民收入差距为6404.0元，东北地区的城乡居民收入差距为5351.0元。

第三，我国基本公共服务水平的区域差距仍然十分显著，特别是广大中西部地区的农村公共服务设施和水平都相对落后。

这一时期，国家强调以经济建设为中心，在保证经济快速增长的同时，兼顾区域协调发展，国家政策偏重缩小经济发展速度的地区差距，对教育、环保、医疗等公共产品供给的区域差距关注不够，导致我国各大区域之间的公共服务水平差距进一步扩大。

本章小结

20世纪90年代初以后，中国对外开放的脚步不断加快，区域经济的空间格局显示出全面沿海化的态势，东部地区经济份额全面上升。随着中国加入WTO和西部大开发、振兴东北老工业基地等一系列区域协调发展战略的实施，2001年以后，东部地区经济份额在改革开放以来首次出现下降。但这一时期，由于非均衡协调区域经济发展战略的实施，我国整体上经济布局向东部沿海地区集聚的趋势并未从根本上改变，这也导致区域经济发展差距迅速扩大。1991—1999年，我国区域经济发展差距呈现出日益扩大的趋势。2000—2005年，区域经济发展差距的增幅放缓。可见，中国区域经济协调发展战略和政策已初显成效，接下来，必须坚持实施区域经济协调发展战略，大力推动中部、西部、东北地区和东部地区协调发展，促进经济空间布局适度均衡，不断缩小区域差距。

第五章　区域经济协调发展战略
（2006—2019年）

第一节　区域经济协调发展战略的
实施（2006—2012年）

由于我国东部地区已经形成比较雄厚的经济基础，同中西部地区发展差距已从增长速度为主的差距转变为产业结构层次为主的差距，从发展水平为主的差距转变为发展能力为主的差距。在较长一段时期内，我国东部地区同中西部及东北地区在人口集聚能力、人口空间分布以及人口结构等方面存在较大差距，故其经济发展水平的绝对差距呈不断扩大的趋势，这给我国促进地区经济协调发展目标的实现，带来巨大的压力。

2006年，中国正式实施中部崛起战略。[①]至此，我国正式提出差别化[②]的四大板块[③]发展战略，以期用不同有针对性的战略，帮助我国各个地区都能取得良好的经济发展成果，缩小区域间的发展差距。

一、区域发展总体战略的提出

2005年10月11日，《中共中央关于制定国民经济和社会发展第十一个

---

① 继1999年提出西部大开发战略之后，我国于2004年启动振兴东北老工业基地战略。
② 按照不同区域的要素禀赋、发展基础、功能分工和规划前景，提出了差别化的区域发展战略。
③ 即按地理要素将全国划分为东部、中部、西部和东北地区四大板块。

五年计划的建议》经中国共产党第十六届中央委员会第五次全体会议通过。该建议明确提出要"促进区域协调发展"，形成合理的区域发展格局，健全区域协调互动机制①。"继续推进西部大开发，振兴东北地区等老工业基地，促进中部地区崛起，鼓励东部地区率先发展。"②

2006 年 3 月 14 日，《十一五规划纲要》③经第十届全国人民代表大会第四次会议通过。《十一五规划纲要》指出：要"根据资源环境承载能力、发展基础和潜力，按照发挥比较优势、加强薄弱环节、享受均等化基本公共服务的要求，逐步形成主体功能定位清晰，东中西良性互动，公共服务和人民生活水平差距趋向缩小的区域协调发展格局""坚持实施推进西部大开发，振兴东北地区等老工业基地，促进中部地区崛起，鼓励东部地区率先发展的区域发展总体战略，健全区域协调互动机制，形成合理的区域发展格局"④。

2006 年 10 月 11 日，中国共产党第十六届中央委员会第六次全体会议作出决定⑤，强调"落实区域发展总体战略，促进区域协调发展"⑥。在加大对欠发达地区和困难地区扶持方面提出了以下政策措施："中央财政转移支付资金重点用于中西部地区，尽快使中西部地区基础设施和教育、卫生、文化等公共服务设施得到改善，逐步缩小地区间基本公共服务差距；加大对革命老区、民族地区、边疆地区、贫困地区以及粮食主产区、矿产资源开发区、生态保护任务较重地区的转移支付，加大对人口较少民族的支持；支持经济发达地区加快产业结构优化升级和产业转移，扶持中西部地区优势产业项目，加快这些地区的资源优势向经济优势转变；鼓励东部地区带动和帮助中西部地区发展，扩大发达地区对欠发达地区和民族地区的对口援助，形成以

① 《中共中央关于制定国民经济和社会发展第十一个五年计划的建议》还提出，要促进城镇化健康发展。

②⑥ 《十一届三中全会以来历次党代会、中央全会报告 公报 决议 决定》编写组．十一届三中全会以来历次党代会、中央全会报告 公报 决议 决定（下册）[M]．北京：中国方正出版社，2008．

③ 此为《中华人民共和国国民经济和社会发展第十一个五年规划纲要》的简称。

④ 全国人大财政经济委员会办公室．建国以来国民经济和社会发展五年计划重要文件汇编[G]．北京：中国民主法制出版社，2007．

⑤ 该决定的全称是《中共中央关于构建社会主义和谐社会若干重大问题的决定》。

政府为主导、市场为纽带、企业为主体、项目为载体的互惠互利机制；建立健全资源开发有偿使用制度和补偿机制，对资源衰退和枯竭的困难地区经济转型实行扶持措施。"①

"十一五"时期，中国综合国力大幅提升，GDP年均增长11.2%，人均GDP年均增长10.6%。②2010年，国内生产总值达到39.8万亿元，跃居世界第二位。③这为我国持续推进区域发展总体战略和主体功能区发展战略打下了坚实的经济基础。

二、主体功能区发展战略的提出

按照"十一五"规划纲要草案，中国960多万平方千米的国土被科学合理地划分为"优化开发区域、重点开发区域、限制开发区域和禁止开发区域"这四类主体功能区。

2007年10月15日，胡锦涛同志在中国共产党第十七次全国代表大会上作报告时指出，要"促进国民经济又好又快发展""推动区域协调发展，优化国土开发格局"④。"缩小区域发展差距，必须注重实现基本公共服务均等化，引导生产要素跨区域合理流动。要继续实施区域发展总体战略，深入推进西部大开发，全面振兴东北地区等老工业基地，大力促进中部地区崛起，积极支持东部地区率先发展。加强国土规划，按照形成主体功能区的要求，完善区域政策，调整经济布局。遵循市场经济规律，突破行政区划界限，形成若干带动力强、联系紧密的经济圈和经济带。重大项目布局要充分考虑支持中西部发展，鼓励东部地区带动和帮助中西部地区发展。加大对革命老区、民族地区、边疆地区、贫困地区发展扶持力度。帮助资源枯竭地区实现

---

① 中共中央文献研究室.十六大以来重要文献选编（下）[M].北京：中央文献出版社，2008.

② "十一五"时期，我国城镇居民人均可支配收入年均增长9.7%，农村居民人均纯收入年均增长8.9%。

③ 国家发展和改革委员会.国家及各地区国民经济和社会发展"十二五"规划纲要[M].北京：人民出版社，2011.

④ 胡锦涛.高举中国特色社会主义伟大旗帜　为夺取全面建设小康社会新胜利而奋斗[M].北京：人民出版社，2009.

经济转型。更好发挥经济特区、上海浦东新区、天津滨海新区在改革开放和自主创新中的重要作用。走中国特色城镇化道路，按照统筹城乡、布局合理、节约土地、功能完善、以大带小的原则，促进大中小城市和小城镇协调发展。以增强综合承载能力为重点，以特大城市为依托，形成辐射作用大的城市群，培育新的经济增长极。"①

2010年10月18日，党的十七届五中全会提出，"要促进区域协调发展、积极稳妥推进城镇化，实施区域发展总体战略，实施主体功能区战略，完善城市化布局和形态，加强城镇化管理，加大对革命老区、民族地区、边疆地区、贫困地区扶持力度，构筑区域经济优势互补、主体功能定位清晰、国土空间高效利用、人与自然和谐相处的区域发展格局"②。

2010年10月18日，《中共中央关于制定国民经济和社会发展第十二个五年规划的建议》指出："当前和今后一个时期，世情、国情继续发生深刻变化，我国经济社会发展呈现新的阶段性特征""当今世界，和平、发展、合作仍是时代潮流，世界多极化、经济全球化深入发展，世界经济政治格局出现新变化，科技创新孕育新突破，国际环境总体上有利于我国和平发展。同时，国际金融危机影响深远，世界经济增长速度减缓，全球需求结构出现明显变化，围绕市场、资源、人才、技术、标准等的竞争更加激烈，气候变化以及能源资源安全、粮食安全等全球性问题更加突出，各种形式的保护主义抬头，我国发展的外部环境更趋复杂"③。所以，我国要继续深化改革，扩大对外开放，不断增强经济实力和综合竞争力；坚持实施区域发展总体战略和主体功能区战略，加强和完善跨区域合作机制，有效促进区域协调发展；完善城市化布局和形态，加强城镇化管理，积极稳妥推进城镇化建设；逐步化解区域发展不平衡、不充分的历史难题。

中国共产党第十七届中央委员会第五次全体会议进一步明确要实施主体

---

① 胡锦涛. 高举中国特色社会主义伟大旗帜 为夺取全面建设小康社会新胜利而奋斗［M］. 北京：人民出版社，2009.

②③ 中国共产党第十七届中央委员会第五次全体会议文件汇编［G］. 北京：人民出版社，2010.

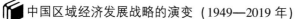

功能区战略："按照全国经济合理布局的要求，规范开发秩序，控制开发强度，形成高效、协调、可持续的国土空间开发格局""基本形成适应主体功能区要求的法律法规、政策和规划体系，完善绩效考核办法和利益补偿机制，引导各地区严格按照主体功能定位推进发展"。即"对人口密集、开发强度偏高、资源环境负荷过重的部分城市化地区要优化开发。对资源环境承载能力较强、集聚人口和经济条件较好的城市化地区要重点开发。对影响全局生态安全的重点生态功能区要限制大规模、高强度的工业化城镇化开发。对依法设立的各级各类自然文化资源保护区和其他需要特殊保护的区域要禁止开发"①。

2010年10月15日，温家宝同志受中国共产党中央委员会政治局委托，对《中共中央关于制定国民经济和社会发展第十二个五年规划的建议》进行了几点说明。他说："促进区域经济协调发展是'十二五'时期的重要战略任务，是全面建设小康社会的重点和难点。进一步实施区域发展总体战略，重在发挥各地比较优势，有针对性地解决各地发展中存在的突出矛盾和问题；重在扭转区域经济社会发展差距扩大的趋势，增强发展的协调性；重在加快完善公共财政体系，促进基本公共服务均等化。"②温家宝指出，"主体功能区战略和区域发展总体战略相辅相成，共同构成我国国土空间开发的完整战略格局"。实施主体功能区战略，是尊重自然、因地制宜谋发展的必然要求。③

2011年3月14日，中华人民共和国第十一届全国人民代表大会第四次会议④提出："优化格局，促进区域协调发展和城镇化健康发展"；"实施区域发展总体战略和主体功能区战略，构筑区域经济优势互补、主体功能定位清晰、国土空间高效利用、人与自然和谐相处的区域发展格局，逐步实现不

---

①②③　中国共产党第十七届中央委员会第五次全体会议文件汇编［G］．北京：人民出版社，2010.

④　第十一届全国人大第四次会议通过《中华人民共和国国民经济和社会发展第十二个五年规划纲要》，明确提出：要充分发挥不同地区比较优势，促进生产要素合理流动，深化区域合作，推进区域良性互动发展，逐步缩小区域发展差距。

同区域基本公共服务均等化"。[①]

三、区域发展总体战略的实施

2006 年，国家发展和改革委员会 5 月 16 日发布的报告显示，第一季度，中国区域经济发展速度呈现东部快于西部、西部快于中部、中部快于东北的态势，区域经济发展速度差距均有所扩大。所以，国家"十一五"规划强调要进一步加快改革开放步伐，深入实施区域发展总体战略。

（一）深入实施西部大开发战略

1. 规划合理，措施到位

2006 年 3 月，国家"十一五"规划提出一系列具体可行的西部开放开发方案。[②] 2006 年 7 月 1 日，青藏铁路全线通车，给西部的经济社会发展注入了新动力。2006 年，西部地区新开工 12 项重点工程，投资总规模达到 1654 亿元。这 12 项重点工程，是国家在宏观调控中坚持"区别对待、有保有压"方针的具体体现，也是国家在新形势下继续推进西部大开发决心不动摇、支持力度不减弱的具体体现。2006 年中央财政集中用于对地方主要是中西部地区的一般性转移支付资金达到 1520 亿元，比 2005 年增加 400 亿元。2007 年国务院西部地区开发领导小组办公室发布西部大开发新开工 10 项重点工程，投资总规模为 1561 亿元。[③]

2007 年 3 月 1 日正式出台《西部大开发"十一五"规划》，重点围绕九个方面进行规划批示，具体包括"扎实推进社会主义新农村建设、继续加强基础设施建设、大力发展特色优势产业、引导重点区域加快发展、坚持抓好生态保护和建设、着力改善基本公共服务、积极扩大对内对外开放以及建立

---

① 国家发展和改革委员会. 国家及各地区国民经济和社会发展"十二五"规划纲要［M］. 北京：人民出版社，2011.

② 全国人大财政经济委员会办公室. 建国以来国民经济和社会发展五年计划重要文件汇编［G］. 北京：中国民主法制出版社，2007.

③ 张军扩，侯永志. 中国：区域政策与区域发展［M］. 北京：中国发展出版社，2010.

健全西部大开发保障机制"① 等多个方面内容。《西部大开发"十一五"规划》是具体落实国家"十一五"规划纲要，统筹指导西部大开发的重要纲领性文件，是政府正确履行职能，引导市场主体行为，推动落实西部地区重点发展任务及重大项目的主要依据。

《西部大开发"十一五"规划》明确了大力发展特色优势产业的战略任务，要求优化发展能源及化学工业，集约发展重要矿产资源开采及加工业，大力发展特色农牧产品加工业，着力振兴装备制造业，积极发展高技术产业，加快发展旅游产业，推进这六大特色优势产业实现结构优化升级，建成一批基地，提高发展水平。

2008年，国务院批准实施《广西北部湾经济区发展规划》。广西北部湾经济区的功能定位是服务西南、华南、中南，沟通东中西，面向东南亚，发挥连接多区域的重要通道作用，成为中国—东盟开放合作的物流基地、商贸基地、加工制造基地和信息交流中心。

2010年6月，中共中央、国务院发布了《关于深入实施西部大开发战略的若干意见》，指出西部大开发第一个10年取得了良好开局、打下了坚实基础，并针对新一轮西部大开发，提出应加快西部地区基础设施建设、夯实农业基础、发展特色优势产业、强化科技创新以及统筹城乡发展等多方面的措施建议。2010年7月，国务院西部地区开发领导小组再次召开西部大开发工作会议，提出新一轮西部开发的目标、重点和任务，标志着西部开发进入了新的发展阶段。② 2010年以后，新一轮西部大开发进入了承前启后、深入推进的关键时期。

2010年6月29日，中共中央、国务院印发《关于深入实施西部大开发战略的若干意见》："西部大开发在我国区域协调发展总体战略中具有优先地位，在构建社会主义和谐社会中具有基础地位，在可持续发展中具有特殊地

① 西部大开发"十一五"规划［EB/OL］.［2019-5-22］. http://xbkfs.ndrc.gov.cn/qyzc/200901/t20090118_256835.html.

② 白永秀，何昊. 西部大开发20年：历史回顾、实施成效与发展对策［J］. 人文杂志，2019（11）：53.

位"；加快特色优势产业发展，大力推进空间布局优化，积极构建新型开放格局，到2020年，"西部地区基础设施更加完善，现代产业体系基本形成，建成国家重要的能源基地、资源深加工基地、装备制造业基地和战略性新兴产业基地，综合经济实力进一步增强"；到2020年，西部地区生态环境恶化趋势得到遏制，基本公共服务能力与东部地区差距明显缩小；到2020年，西部地区人民生活水平和质量大幅提升，基本实现全面建设小康社会奋斗目标。

2011年3月，国家"十二五"规划提出"推进新一轮西部大开发""坚持把深入实施西部大开发战略放在区域发展总体战略优先位置，给予特殊政策支持"。充分发挥西部地区的资源优势，发展特色农业、旅游等优势产业，坚持以线串点、以点带面，推进区域战略合作，培育新的经济增长极。①

关于加快西部地区特色优势产业发展方面，早在2006年，国务院西部地区开发领导小组办公室、国家发展和改革委员会、财政部、中国人民银行、中国银行业监督管理委员会、国家开发银行发布《关于印发促进西部地区特色优势产业发展意见的通知》（国西办经〔2006〕15号），系统提出西部特色优势产业发展的总体思路、发展重点和政策措施，将西部特色优势产业的发展重点确定为能源及化学工业、重要矿产开发及加工业、特色农牧业及加工业、重大装备制造业、高技术产业和旅游产业。2010年，《中共中央国务院关于深入实施西部大开发战略的若干意见》（中发〔2010〕11号）文件提出，发展特色优势产业是增强西部发展内生动力的主要途径，要深入实施以市场为导向的优势资源转化战略，坚持走新型工业化道路，建设国家重要战略资源接续区，"努力形成传统优势产业、战略性新兴产业和现代服务业协调发展新格局"。与此同时，《中共中央国务院关于深入实施西部大开发战略的若干意见》（中发〔2010〕11号）文件还强调基础设施是西部大开发的重要保障，要继续把交通、水利、能源和信息等方面的基础设施建设放在优先地位，加快综合交通网络建设，推进油气管道和电网建设，加快信息基础

---

① 国家发展和改革委员会. 国家及各地区国民经济和社会发展"十二五"规划纲要［M］.北京：人民出版社，2011.

设施建设。①

2. 成效明显，动力十足

2005 年以后，西部地区三次产业产值占全国比重均趋于增强，表现了较好的增长势头。从区域发展动力上看，以成都、重庆、西安、南宁、贵阳、昆明等城市为引领，以成渝、关中平原、北部湾等城市群为主体，形成了西部地区甚至全国重要的新兴经济增长区域。

西部地区人民生活水平稳步提升。西部大开发战略实施以来，西部地区的人口规模总体趋于增长，城乡居民生活水平保持稳定增长，与东部地区的差距在不断缩小。2012 年，西部地区城镇居民人均可配收入相当于东部地区的 71%，西部地区农民人均纯收入相当于东部地区的 56%，分别相当于全国平均水平的 84% 和 76%。东部地区人均地区生产总值是西部地区的 1.8 倍，其中，最高的是天津，最低的是贵州，天津是贵州的 4.7 倍。②

西部地区发展条件得到持续改善。西部大开发战略实施以来，中央财政资金持续向西部地区倾斜，用于交通、信息、水利、生态环境、医疗卫生、文化体育等基本公共服务领域建设。

"十五"期间，西部地区的 GDP 总量由 18997.80 亿元（2001 年）增长到 32872.40 亿元（2005 年），年均增长 11.07%。"十一五"期间，西部地区的 GDP 总量由 38639.70 亿元（2006 年）增长到 76674.60 亿元（2010 年），年均增长率为 12.73%，均高于"十五"和"十二五"期间的增长速度。这期间，由于全球经济危机的影响，西部地区的 GDP 增速在 2008 年前后产生了大幅波动，但这五年 GDP 总量仍表现出高速增长，增速最高达到 13.79%。

西部地区经济实力大幅提升。2000—2012 年，西部地区 GDP 由 1.6 万亿元，占全国 GDP 比重的 16.8%，增至 11.4 万亿元，占全国 GDP 比重的 19.8%。2000—2012 年西部地区平均增速比东部地区高 0.57 个百分点，区

① 李敏纳，蔡舒，张慧蓉. 中美西部开发比较研究——基于资源和产业开发的视角［M］. 北京：经济管理出版社，2018.
② 黄志亮，许小苍，段小梅，等. 西部地区经济发展新实践研究［M］. 北京：科学出版社，2017.

域发展的相对差距有所缩小，各个区域发展的协调性有所增强。2000年，西部地区人均GDP只有4966元，只有东部地区平均水平的42%，到2012年，西部地区人均GDP达到31405元，超过东部地区平均水平的50%。[①]

西部地区人均消费品零售总额从2000年的1687.88元上升到2012年的24434.44元，年均增速高于同期全国增速。2012年外商对西部地区直接投资累计超过779亿美元，相当于全国外商投资总额的5.76%。西部地区外贸总额连年增长，2000年，西部地区进出口总额占全国的比重仅有3.6%，截至2012年底，其比重已提高至6.1%。[②]

西部地区的城镇化率，2000年只有28.7%，2012年上升至44.7%，提高了16个百分点。但是，西部城镇化发展水平低，仍然滞后于全国平均水平和东部、中部地区。2012年，东部、中部、西部地区的城镇化率分别为62.2%、48.5%、44.7%；中部、西部地区的城镇化率均低于全国平均水平（52.6%），西部地区的城镇化发展水平与东部、中部地区存在明显差距，而且也滞后于自身的经济发展水平。[③]

这一时期，西部地区经济增长快、社会进步相当显著。基础设施得到极大改善，生态环境保护与治理成效明显，城乡面貌发生巨大变化，人民群众得到了真正的实惠。西部地区建设了一大批重大交通、能源、水利、生态等工程。退耕还林、退牧还草、三江源保护工程的实施，使消退的绿色逐步回归大地；青藏铁路、西气东输、西电东送和大型水利枢纽等一批重点工程相继投入使用，开始发挥巨大的经济效益和社会效益；能源化工、装备制造、农牧业等特色优势产业迅速成长，成为推动西部加速发展的有力引擎；送电到乡、油路到县、广播电视到村、人畜饮水、"两基"攻坚等民生工程，极大地提高了西部人民的生产生活水平。与此同时，西部仍然是相对落后和欠发达的地区，其发展面临不少困难和问题。

（二）全面振兴东北地区等老工业基地

早在2003年，中共中央、国务院就发文明确指出，"走新型工业化道

①②③　黄志亮，许小苍，段小梅，等．西部地区经济发展新实践研究［M］．北京：科学出版社，2017．

路，全面提升和优化第二产业"是振兴东北老工业基地的主要任务。① 2006
年，国家"十一五"规划专门针对东北振兴作出明确指示②。

2007 年 8 月，经国务院批复的《东北地区振兴规划》发布，明确提出
"要努力将东北地区建设成为综合经济发展水平较高的重要经济增长区域、
具有国际竞争力的装备制造业基地、国家新型原材料和能源保障基地、国家
重要的商品粮和农牧业生产基地、国家重要的技术研发与创新基地、国家生
态安全的重要保障区，实现东北地区经济社会又好又快发展"。同时强调
"要突破行政区划的界限，促进资源合理配置和生产要素的合理流动。按照
平等互利、加强合作、资源优化、共同发展的原则，加强东北地区与其他省
（区、市）的联系和协作，着力推进东北地区经济和市场一体化，形成区域
合作、互动、多赢的协调机制"③。

2009 年，国务院又进一步发文指出，东北振兴要优化经济结构、建立现
代产业体系，加快企业技术进步、全面提升自主创新能力。④

2011 年 3 月，国家"十二五"规划提出"全面振兴东北地区等老工业
基地"，"促进资源枯竭地区转型发展，增强资源型城市可持续发展能力，统
筹推进全国老工业基地调整改造，重点推进辽宁沿海经济带和沈阳经济区、
长吉图经济区、哈大齐和牡绥地区等区域发展"⑤。

（三）大力促进中部地区崛起

从 20 世纪 80 年代国家实施沿海地区优先发展战略，到 20 世纪末实施
西部大开发战略，东部、西部地区经济先后实现了快速发展，而中部地区在

---

① 见中共中央、国务院于 2003 年发布的《关于实施东北地区等老工业基地振兴战略的若干
意见》。
② 即东北地区要加快产业结构调整和国有企业改革改组改造，在改革开放中实现振兴；发展
现代农业，强化粮食基地建设，发展高技术产业，搞好棚户区改造和采煤沉陷区治理；加强东北东
部铁路通道和跨省区公路运输通道等基础设施建设，加快市场体系建设，促进区域经济一体化；扩
大与毗邻国家的经济技术合作；加强黑土地水土流失和东北西部荒漠化综合治理。
③ 参见《国务院关于东北地区振兴规划的批复》国函〔2007〕76 号文件.
④ 2009 年，国务院发布《关于进一步实施东北地区等老工业基地振兴战略的若干意见》。
⑤ 国家发展和改革委员会. 国家及各地区国民经济和社会发展"十二五"规划纲要 [M]. 北
京：人民出版社，2011.

我国经济发展总体格局呈现出"塌陷"趋势。一方面，中部地区实际生产总值占东部地区的比重从 1991 年的 38.6%下降到 2006 年的 31.9%，东部、中部地区间的差距在该时期内持续扩大。另一方面，1991—2000 年，西部地区实际生产总值占中部地区的比重从 79.2%下降到 68.1%，这说明在西部大开发战略实施以前，中部地区与西部地区之间的经济发展差距也在扩大。可喜的是，我国西部大开发战略正式实施以后，西部地区实际生产总值占中部地区的比重又从 2000 年的 68.1%上升到 2006 年的 69.4%，表明中部、西部地区间的经济差距呈现缩小趋势。①

中部地区的经济结构也与东部、西部地区存在一定的差距。中部地区第一产业所占比重相对过高，第三产业所占比重均低于东部、西部地区和东北地区。2004 年，中部地区第三产业占 GDP 的比重为 34.49%，低于全国其他地区（东部 37.82%、西部 36.20%、东北 35.69%），中部地区第二产业在 GDP 产值中所占比重为 47.68%，既低于东部地区的 53.26%，也低于全国平均水平的 52.89%。而且，中部地区传统工业比重大，国有企业比重高，大中型企业占多数，"重"化现象严重，工业企业亏损严重。2003 年，中部煤炭亏损企业 162 个，占全国煤炭亏损企业的 40.14%，亏损额达 3.61 亿元，占全国同类企业亏损额的 36.69%。② 此外，黑色金属和有色金属企业亏损现象也十分严重。

国家"十五"计划提出，中部地区要发挥区位优势和综合资源优势，加快经济发展步伐。第一，要"以主要水陆交通干线地区为重点，发挥中心城市作用，积极培育新的经济增长点和经济带"。第二，要巩固和发展农业，继续加强基础设施和生态环境建设。第三，要加大用高新技术和先进适用技术改造传统产业的力度，提高技术水平和竞争能力。③

2003 年 10 月，党的十六届三中全会提出，要加快我国中西部地区的改

---

①　周立群，王静，秦静，等．中国区域经济新版图［M］．南京：江苏人民出版社，2017.

②　张军扩，侯永志．中国：区域政策与区域发展［M］．北京：中国发展出版社，2010.

③　全国人大财政经济委员会办公室．建国以来国民经济和社会发展五年计划重要文件汇编［G］．北京：中国民主法制出版社，2007.

革步伐。① 从 2004 年 3 月温家宝同志提出要"促进中部地区崛起"之后，"中部崛起"战略很快成为党和国家工作中的重大亮点。② 2006 年 1 月，商务部出台了《提高吸收外资水平促进中部崛起的指导意见》，鼓励外国投资者投资我国中部地区。2006 年 2 月至 3 月，国务院和中国共产党中央委员会政治局先后召开"中部崛起"专门会议，研究部署相关工作。③ 在我国区域协调发展的总体布局中，中部地区位于几何图形的中心，促进中部地区崛起，不仅对于区域均衡发展，而且对于承东启西、连南贯北，形成各大区域之间良性互动机制，具有不可替代的重要作用。

2006 年 3 月，国家"十一五"规划纲要将"中部崛起"纳入促进区域协调发展的重要组成部分当中，并提出"中部地区要依托现有基础，提升产业层次，推进工业化和城镇化，在发挥承东启西和产业发展优势中崛起"。

2006 年 4 月 15 日，中共中央、国务院发文④提出"将中部地区建设成为全国重要的粮食生产基地、能源原材料基地、现代装备制造及高技术产业基地和综合交通运输枢纽"。该文提出："增强中心城市辐射功能，促进城市群和县域发展""构建布局完善、大中小城市和小城镇协调发展的城镇体系""以省会城市和资源环境承载力较强的中心城市为依托，加快发展沿干线铁路经济带和沿长江经济带""以武汉城市圈、中原城市群、长株潭城市群、皖江城市带为重点，形成支撑经济发展和人口集聚的城市群，带动周边地区发展""支持城市间及周边地区基础设施建设，引导资源整合、共建共

---

① 党的十六届三中全会提出，要有效发挥中部地区综合优势，支持中西部地区加快改革。

② 2004 年 3 月，国务院总理温家宝在政府工作报告中，明确提出"促进中部地区崛起"。2004 年 9 月，党的十六届四中全会，首次把"中部崛起"写进了党的文件。2004 年 12 月，中央经济工作会议把"促进中部地区崛起"列入议事日程。2005 年 3 月，国务院总理温家宝在政府工作报告中再次明确提出"抓紧研究制定促进中部地区崛起的规划和措施"。2005 年 10 月，"中部崛起"成为党的十六届五中全会通过的《中共中央关于制定国民经济和社会发展第十一个五年规划的建议》中的亮点。

③ 2006 年 2 月，国务院总理温家宝主持召开国务院常务会议，研究促进中部地区崛起的问题。2006 年 3 月 27 日，中共中央政治局召开会议，专门研究和部署了促进中部地区崛起的工作。

④ 2006 年 4 月 15 日，中共中央、国务院发布《中共中央、国务院关于促进中部地区崛起的若干意见》。

享，形成共同发展的合作机制"。①

2006 年 5 月 19 日，国务院明确提出了促进"中部崛起"战略的七个方面的具体内容。②

2006 年 10 月，商务部发布了关于实施"万商西进工程"的通知，从 2006 年起，用三年时间推动万家境外和东部沿海企业到中部地区开展投资、采购和经营协作。

2007 年 1 月，国务院对中部六省享受优惠政策的地、市、县范围进行了确定。这是国家宣布实施中部崛起战略后出台的第一个实质性的扶持政策。③

2007 年 4 月 10 日，国家发展和改革委员会设立国家促进中部地区崛起工作办公室，中部崛起战略进入更具操作性的实施阶段。

2009 年 9 月，《促进中部地区崛起规划》正式出台。④ 2011 年 3 月，国家"十二五"规划针对"中部崛起"提出了七大举措。⑤

（四）继续支持东部地区率先发展

东部地区⑥10 个省、市，面积约为 91.6 万平方千米，占全国国土面积

---

① 中共中央文献研究室. 十六大以来重要文献选编（下）[G]. 北京：中央文献出版社，2008.

② 2006 年 5 月 19 日，国务院办公厅发布落实中共中央国务院《关于促进中部地区崛起若干意见有关政策措施的通知》（国办函〔2006〕38 号），提出促进"中部崛起"战略的七个方面的具体内容：第一，加快建设全国重要粮食生产基地，扎实稳步推进社会主义新农村建设。第二，加强能源原材料基地和现代装备制造及高技术产业基地建设，推进工业结构优化升级。第三，提升交通运输枢纽地位，促进商贸流通旅游业发展。第四，增强中心城市辐射功能，促进城市群和县域发展。第五，扩大对内对外开放，加快体制创新。第六，加快社会事业发展，提高公共服务水平。第七，加强资源节约、生态建设和环境保护，实现可持续发展。

③ 2007 年 1 月，国务院办公厅下发《关于中部六省比照实施振兴东北地区等老工业基地和西部大开发有关政策范围的通知》。

④ 2009 年 9 月 23 日，温家宝总理主持召开国务院常务会议，讨论并通过《促进中部地区崛起规划》。这是中华人民共和国国务院为促进包括山西、安徽、江西、河南、湖北和湖南 6 省在内的中国中部地区的经济社会发展的整体规划。

⑤ "大力促进中部地区崛起"七大举措：第一，发挥承东启西的区位优势和综合交通运输枢纽地位，发展壮大优势产业；第二，有序承接东部地区和国际产业转移；第三，提高循环经济发展水平；第四，进一步提高大江、大河、大湖综合治理水平；第五，"进一步细化和落实中部地区比照实施振兴东北地区等老工业基地和西部大开发的有关政策"；第六，"加快构建沿陇海、沿京广、沿京九和沿长江中游经济带"；第七，重点推进皖江城市带、太原城市群、中原经济区、鄱阳湖生态经济区、武汉城市圈和长株潭城市群的发展。

⑥ 包括北京、天津、河北、上海、江苏、浙江、福建、山东、广东和海南。

的 9.5%。截至 2005 年底，东部地区总人口为 46388 万人，占全国人口总数的 36%，GDP 为 109924.6 亿元，占全国 GDP 的 55.6%，其中第一产业生产总值为 8681.8 亿元，占全国的 37.7%；第二产业产值为 5673.2 亿元，占全国的 58.5%；第三产业产值为 44569.7 亿元，占全国的 57.2%。[①]

2006 年 3 月，国家"十一五"规划提出，东部地区要在自主创新能力、经济结构优化升级等方面率先提高和实现，并积极帮助和带动中西部地区快速发展。[②] 2011 年 3 月，国家"十二五"规划提出从六个方面[③]继续支持东部 10 省、市率先发展。[④] 东部地区率先发展，再上一个新的台阶，既有利于进一步壮大国家经济实力，又有利于促进东中西互动，实现优势互补、共同发展。[⑤]

1. 进一步推进长江三角洲地区改革开放

2008 年 9 月 7 日，国务院发布如下指导意见[⑥]：要"把长江三角洲地区[⑦]建设成为亚太地区重要的国际门户、全球重要的先进制造业基地、具有较强国际竞争力的世界级城市群"；要"加快发展现代服务业""全面推进工业结构优化升级""统筹城乡发展""大力推进自主创新""走新型城市化

---

① 2005 年，东部 10 省城镇居民可支配收入平均值为 13375 元，农村居民人均纯收入为 4720 元。

② 全国人大财政经济委员会办公室. 建国以来国民经济和社会发展五年计划重要文件汇编 [G]. 北京：中国民主法制出版社，2007.

③ 第一，在改革开放中先行先试，在更高层次参与国际合作和竞争。第二，加快国家创新型城市和区域创新平台建设。第三，加快发展战略性新兴产业、现代服务业和先进制造业。第四，率先完善社会主义市场经济体制。第五，着力增强可持续发展能力，化解资源环境瓶颈制约。第六，推进京津冀、长江三角洲、珠江三角洲地区区域经济一体化发展，打造首都经济圈，重点推进河北沿海地区、江苏沿海地区、浙江舟山群岛新区、海峡西岸经济区、山东半岛蓝色经济区等区域发展，建设海南国际旅游岛。

④ 国家发展和改革委员会. 国家及各地区国民经济和社会发展"十二五"规划纲要 [M]. 北京：人民出版社，2011.

⑤ 还有利于全面提高我国对外开放水平，增强国际竞争力。

⑥ 即《关于进一步推进长江三角洲地区改革开放和经济社会发展的指导意见》。

⑦ 长江三角洲地区包括上海市、江苏省和浙江省。长江三角洲地区是我国综合实力最强的区域，在社会主义现代化建设全局中具有重要的战略地位和带动作用。改革开放特别是推进上海浦东开发开放以来，长江三角洲地区经济社会发展取得巨大成就，对服务全国大局，带动周边发展做出了重要贡献，积累了丰富经验。进一步推进长江三角洲地区改革开放和经济社会发展，有利于推进区域经济一体化，有利于增强对中西部地区的辐射带动作用，推动全国区域协调发展。

道路""积极推进重大基础设施一体化建设""推进资源节约型和环境友好型社会建设""加强文化建设和社会事业建设""着力推进改革攻坚""健全开放型经济体系"等。①

从表 5-1 可见，2010—2012 年，长江三角洲经济区生产总值从 86313.8 亿元增加至 108905.3 亿元，增幅较大。人均地区生产总值从 55841.0 元提高到 69175.0 元，增加了 13334 元。全社会固定资产投资总额从 40878.0 亿元增加到 53621.2 亿元，增长 31.17%。社会消费品零售总额从 29840.5 亿元提高到 39332.0 亿元，增长 31.81%。进出口总额从 10881.6 亿美元增加至 12968.7 亿美元，增加 19.18%。实际外商直接投资从 506.2 亿美元增加到 640.2 亿美元，增加 26.47%。以上主要经济指标显示，长江三角洲地区经济社会发展取得的成绩非常显著。

表 5-1　2010—2013 年长江三角洲经济区主要经济指标

指　标	2010 年		2011 年		2012 年		2013 年	
	合　计	比上年增长（%）	合　计	比上年增长（%）	合　计	比上年增长（%）	合　计	比上年增长（%）
土地面积	21.1 万平方千米	—	21.1 万平方千米	—	21.1 万平方千米	—	21.1 万平方千米	—
年底总人口	15618.5 万人	2.1	15709.3 万人	0.6	15777.4 万人	0.4	15852.6 万人	0.5
地区生产总值	86313.8 亿元	11.9	100624.8 亿元	9.8	108905.3 亿元	8.9	118332.4 亿元	8.8
第一产业总值	4014.8 亿元	3.9	4772.8 亿元	3.7	5214.0 亿元	3.7	5560.0 亿元	2.0
第二产业总值	43270.2 亿元	13.5	49686.8 亿元	10.0	52293.0 亿元	8.6	55568.5 亿元	8.9

---

① 中共中央文献研究室．十七大以来重要文献选编（上）[M]．北京：中央文献出版社，2009.

续表

指标	2010 年		2011 年		2012 年		2013 年	
	合计	比上年增长（%）	合计	比上年增长（%）	合计	比上年增长（%）	合计	比上年增长（%）
第三产业总值	39028.8 亿元	10.8	46165.3 亿元	10.2	51398.3 亿元	9.8	57203.9 亿元	9.2
人均地区生产总值	55841.0 元	10.1	64240.0 元	8.3	69175.0 元	8.4	74823.0 元	8.4
全社会固定资产投资总额	40878.0 亿元	16.9	45840.0 亿元	12.1	53621.2 亿元	17.0	62803.2 亿元	17.1
社会消费品零售总额	29840.5 亿元	18.0	34831.2 亿元	16.7	39332.0 亿元	12.9	44074.0 亿元	12.1
进出口总额	10881.6 亿美元	35.3	12864.7 亿美元	18.2	12968.7 亿美元	0.8	13278.6 亿美元	2.4
实际外商直接投资	506.2 亿美元	10.5	564.0 亿美元	11.4	640.2 亿美元	13.5	612.0 亿美元	-4.4

注：长江三角洲经济区包括上海市、江苏省和浙江省。

资料来源：国家统计局国民经济综合统计司．中国区域经济统计年鉴 2011—2014 [M]．北京：中国统计出版社，2015．

2. 全面推动珠江三角洲地区又好又快发展

全面推动珠江三角洲地区又好又快发展对于带动环珠三角和泛珠三角区域地区发展，促进全国区域协调发展，增强我国参与全球经济合作和竞争能力具有十分重要的意义。

2008 年 12 月 31 日，国务院原则上同意《珠江三角洲地区改革发展规划纲要（2008—2020 年）》，并提出"努力把珠江三角洲地区建设成为我国探索科学发展模式试验区，深化改革先行区，扩大开放的重要国际门户，世界先进制造业和现代服务业基地及全国重要的经济中心。继续在改革开放上先行先试，率先实现科学发展、和谐发展，率先基本实现现代化，在促进环珠三角和泛珠三角区域的经济发展、推进粤港澳三地更加紧密合作、保持港澳地区长期繁荣稳定、参与亚太地区区域合作和全球经济竞争等方面进一步发挥辐射带动作用和先行示范作用"①。

从表 5-2 可见，2006—2011 年，珠江三角洲经济区 GDP 由 2.14 万亿元增加至 4.37 万亿元，五年内增长 104.21%。其人均 GDP 从 4.92 万元增加至 7.76 万元，五年内增长 57.72%。进出口总额从 5069.00 亿美元增加至 8743.00 亿美元，五年内增加 72.48%。实际外商直接投资从 130.90 亿美元增加到 195.30 亿美元，五年内增加 49.20%。表 5-2 中的主要经济指标②显示，珠江三角洲经济区实现了又好又快发展。

表 5-2　2006—2011 年珠江三角洲经济区主要经济指标③

指 标	2006 年		2007 年		2008 年		2009 年		2010 年		2011 年	
	合 计	比上年增长(%)	合 计	比上年增长(%)	合 计	比上年增长(%)	合 计	比上年增长(%)	合 计	比上年增长(%)	合 计	比上年增长(%)
GDP	2.14 万亿元	16.90	2.54 万亿元	16.20	2.97 万亿元	16.90	3.21 万亿元	9.40	3.77 万亿元	12.20	4.37 万亿元	9.90
人均 GDP	4.92 万元	15.30	5.72 万元	13.90	6.26 万元	9.40	6.74 万元	8.90	6.86 万元	7.30	7.76 万元	7.10
全社会固定资产投资总额	5889.00 亿元	11.90	6819.00 亿元	15.80	7829.00 亿元	13.30	9603.00 亿元	22.70	11356.00 亿元	18.20	12367.00 亿元	8.90

---

① 中共中央文献研究室. 十七大以来重要文献选编（上）［M］. 北京：中央文献出版社，2009.

② 2006—2011 年，珠江三角洲经济区的全社会固定资产投资总额从 5889 亿元增加到 12367 亿元，五内年增长 110%。2006—2011 年，珠江三角洲经济区的社会消费品零售总额从 6682 亿元提高到 14576 亿元，五年内增长 118.14%。

③ 2006—2008 年，珠江三角洲经济区包括 13 个市、县（区）：广州、深圳、珠海、佛山、江门、东莞、中山、惠州市区、惠东县、博罗县、肇庆市区、高要市、四会市；2009—2011 年，珠江三角洲经济区包括：广州、深圳、珠海、佛山、江门、东莞、中山、惠州和肇庆市。

续表

指标	2006 年		2007 年		2008 年		2009 年		2010 年		2011 年	
	合 计	比上年增长(%)	合 计	比上年增长(%)	合 计	比上年增长(%)	合 计	比上年增长(%)	合 计	比上年增长(%)	合 计	比上年增长(%)
社会消费品零售总额	6682.00亿元	15.30	7812.00亿元	15.80	9367.00亿元	19.90	10835.00亿元	13.60	12613.00亿元	16.40	14576.00亿元	15.60
进出口总额	5069.00亿美元	23.30	6101.00亿美元	20.40	6569.00亿美元	7.70	5848.00亿美元	-11.00	7513.00亿美元	28.50	8743.00亿美元	16.40
实际外商直接投资	130.90亿美元	15.50	151.90亿美元	16.10	169.20亿美元	11.40	175.10亿美元	3.50	183.50亿美元	4.80	195.30亿美元	6.40

资料来源：国家统计局国民经济综合统计司. 中国区域经济统计年鉴2007—2012［M］. 北京：中国统计出版社，2012.

3. 支持福建海峡西岸经济区建设

2009 年，国务院要求加强闽台经济合作、文化交流和人员往来。① 2011年国务院正式批准《海峡西岸经济区发展规划》，其范围涵盖了福建、浙江、广西壮族自治区和江西共20个城市，福州、泉州、厦门、温州和汕头成为五大中心城市。

（五）扩大开放口岸，协调区域经济发展

扩大开放口岸，推动沿海和沿边地区的开发和建设，积极支持内陆地区重要港口、重要边境通道开放，协调我国区域经济发展。

"十一五"规划时期，国务院批准开放12个新口岸，扩大开放16个口岸，整合原二类口岸60个。截至2010年底，全国共有278个经国家批准对外开放口岸，合理分布在沿海（145个）、沿边（106个）和内陆（27个）

---

① 2009 年，国务院出台《关于支持福建省加快建设海峡西岸经济区的若干意见》。

地区。① 我国基本形成沿海、沿边陆路口岸和空运口岸按需设立的全方位、多层次、立体化口岸开放格局。

2012 年 5 月，为贯彻落实"十二五"规划，服务国家区域经济社会发展战略，海关总署印发了经国务院批准的《国家口岸发展规划（2011—2015 年）》。全国共有 95 个新开和扩大开放口岸项目列入规划，其中计划新开口岸 39 个。口岸开放有序推进，口岸功能布局进一步优化，较好地适应了我国区域经济社会发展需要。

四、区域经济协调发展战略的实施成效

第一，全国区域协调发展的新格局加快形成。

通过深入贯彻落实四大区域协调发展总体战略和主体功能区战略，中国逐步构建起全国区域协调发展"总领加支撑"的基本框架，一系列覆盖东、中、西部和东北地区的区域经济发展规划进一步得到稳步推进和深入实施。

2011 年，青海三江源国家生态保护综合试验区获准建立，《国务院关于支持河南省加快建设中原经济区的指导意见》正式出台，国务院正式批复《海峡西岸经济区发展规划》《河北沿海地区发展规划》《成渝经济区区域规划》《平潭综合实验区总体发展规划》等一系列区域发展规划。

西部大开发扎实有序推进，东北地区等老工业基地振兴步伐加快，中部地区崛起新局面正式开启，东部地区率先发展取得新进展。随着跨省区综合经济板块的获批设立，我国区域经济一体化发展进一步细化。

2012 年，《西部大开发"十二五"规划》《东北振兴"十二五"规划》《中国东北地区面向东北亚区域开放规划纲要》正式出台，《国务院关于进一步促进贵州经济社会又好又快发展的若干意见》文件正式印发，国务院批准设立兰州新区、中国图们江区域（珲春）国际合作示范区、黄河金三角承

---

① 国家发展和改革委员会．"十二五"国家级专项规划汇编（第一辑）［M］．北京：人民出版社，2012．

接产业转移示范区。①

为进一步加大对集中连片特困地区的支持力度，政府颁布实施了《中国农村扶贫开发纲要（2011—2020年）》，印发了《关于支持赣南等原中央苏区振兴发展的若干意见》，并出台了《陕甘宁革命老区振兴规划》，还批复了滇桂黔石漠化区、滇西边境地区、六盘山区、大兴安岭南麓山区等11个片区的区域发展与扶贫攻坚规划。② 同时，出台了《全国老工业基地调整改造规划》《全国资源型城市可持续发展规划》等文件，加快促进资源枯竭型城市转型，实现可持续发展。③

2011年6月8日，我国国土空间的"顶层设计"，即具有战略性、基础性和约束性的开发规划——《全国主体功能区规划》正式出台。2012年4月25日，全国第一部正式发布的省级主体功能区规划——《黑龙江省主体功能区规划》正式印发。④ 针对不同类型主体功能区的发展定位和政策导向，实行差别化考核，强化绩效评价考核，既有利于推动我国各地区经济结构不断优化，"加快促进经济发展方式转变"，又有利于推进区域协调发展，不断缩小区域发展差距，还有利于从源头上保护生态环境，促进生态文明建设，从而在可持续发展中实现包容性增长。

第二，中西部地区经济增长势头强劲，区域差距扩大的趋势有所缓和。

中国区域经济继续呈现稳定增长的良好态势，中西部地区的经济增长速度超过了东部地区，东部、中部、西部和东北四大区域间的绝对差距仍然较大（见表5-3），但其相对差距有所缩小（见表5-4）。

从表5-3可见，我国东部地区的国民经济和社会发展主要指标均远远高

---

① 2012年，国务院正式批复加快建设云南省面向西南开放重要桥头堡、宁夏回族自治区内陆开放型经济试验区、天山北坡经济区、呼包银经济区，并批复了中原经济区规划和丹江口库区及上游地区发展规划。

② 与此同时，不断加大对中西部重点生态功能区的转移支付力度，逐步增强其基本公共服务和生态环境保护能力。通过加大对问题地区的支持力度，进一步深入实施区域协调发展总体战略。

③ 李建平，李闽榕，高燕京."十二五"中期中国省域经济综合竞争力发展报告［M］. 北京：社会科学文献出版社，2014.

④ 2012—2013年，北京、上海、广东、河北、甘肃、湖南、广西壮族自治区、天津、福建等20多个省区市的省级主体功能区规划陆续出台，主体功能区规划体系基本形成。

于中西部地区和东北地区。2012年，东部地区GDP高达295892.0亿元，占全国的51.3%，东部10省（市）GDP是中部6省的2.54倍，是西部12省（区、市）的2.6倍，是东北3省的5.86倍。2012年，东部地区人均地区生产总值达到57722.0元，比西部、中部和东北地区的人均GDP分别多26365元、25295元、11708元。2012年，东部地区的全社会固定资产投资总额达到151922.4亿元，占全国的41.2%，相当于中部地区的1.75倍，相当于西部地区的1.71倍，相当于东北地区的3.70倍。2012年，东部地区进出口总额为32710.8亿美元，占全国比重高达84.6%，是西部地区的13.84倍，是中部地区的16.91倍，是东北地区的19.68倍。2012年，东部地区社会消费品零售总额达到110666.7亿元，占全国的52.6%，相当于中部地区的2.59倍，相当于西部地区的2.96倍，相当于东北地区的5.64倍。2012年，东部地区城镇居民可支配收入为29622.0元，比西部、中部和东北地区的城镇居民可支配收入分别多9022元、8925元、8863元。2012年，东部地区农村居民人均纯收入为10817.0元，比西部、中部和东北地区的农村居民人均纯收入分别多4790元、3382元、1971元。

表5-3　2012年各地区国民经济和社会发展主要指标

指标	东部10省（市）		中部6省		西部12省（区、市）		东北3省	
	合计	占全国比重（%）	合计	占全国比重（%）	合计	占全国比重（%）	合计	占全国比重（%）
地区生产总值	295892.0亿元	51.3	116277.7亿元	20.2	113904.8亿元	19.8	50477.3亿元	8.8
第一产业总值	18339.6亿元	35.0	14019.8亿元	26.8	14332.6亿元	27.4	5681.6亿元	10.8
第二产业总值	141448.8亿元	49.5	61450.7亿元	21.5	57104.2亿元	20.0	25644.9亿元	9.0
第三产业总值	136103.6亿元	57.1	40807.2亿元	17.1	42468.0亿元	17.8	19150.8亿元	8.0

续表

指标	东部 10 省（市）		中部 6 省		西部 12 省（区、市）		东北 3 省	
	合计	占全国比重（%）	合计	占全国比重（%）	合计	占全国比重（%）	合计	占全国比重（%）
人均地区生产总值	57722.0元	—	32427.0元	—	31357.0元	—	46014.0元	—
全社会固定资产投资总额	151922.4亿元	41.2	86614.8亿元	23.5	89008.6亿元	24.1	41042.6亿元	11.1
进出口总额	32710.8亿美元	84.6	1933.9亿美元	5.0	2364.0亿美元	6.1	1662.4亿美元	4.3
出口额	17010.4亿美元	83.0	1205.5亿美元	5.9	1487.4亿美元	7.3	783.8亿美元	3.8
进口额	15700.4亿美元	86.3	728.4亿美元	4.0	876.6亿美元	4.8	878.7亿美元	4.8
社会消费品零售总额	110666.7亿元	52.6	42670.6亿元	20.3	37359.1亿元	17.8	19610.5亿元	9.3
城镇居民可支配收入	29622.0元	—	20697.0元	—	20600.0元	—	20759.0元	—
农村居民人均纯收入	10817.0元	—	7435.0元	—	6027.0元	—	8846.0元	—

注：表中涉及分地区数据相加不等于全国总计的指标，在计算比重时，分母为 31 个省（区、市）相加的合计数。

资料来源：国家统计局国民经济综合统计司．中国区域经济统计年鉴 2013 [M]．北京：中国统计出版社，2013.

从表 5-4 中可以看到，2010—2012 年，我国东部、中部、西部和东北四大区域的人均 GDP 都有较大幅度的提升，中部、西部和东北地区的人均 GDP 增长率都远远超过了东部地区，但各地人均 GDP 的绝对差距依然较大。2012 年，我国 31 个省区市的人均 GDP 标准差从 2010 年的 17144.40 元增大为 19739.49 元，四大区域的人均 GDP 标准差也由 2010 年的 10986.91 元增大为 12491.91 元。

表 5-4 2010—2012 年中国 31 个省区市（不包括香港、澳门、台湾）

人均 GDP 及其增长率变化情况

	人均 GDP（元）			人均 GDP 增长率（%）		
	2010 年	2011 年	2012 年	2010 年	2011 年	2012 年
东部地区	46354.0000	53350.0000	57722.0000	9.8900	9.2200	5.4000
中部地区	24242.0000	29229.0000	32427.0000	18.3500	14.3000	8.2400
西部地区	22476.0000	27731.0000	31357.0000	18.6300	16.8400	9.8900
东北地区	34303.0000	41400.0000	46014.0000	15.9700	14.4900	8.0800
四大区域标准差	10986.9100	11965.8400	12491.9100	4.0594	3.2101	1.8581
四大区域均值	31844.0000	37928.0000	41880.0000	15.7100	13.7100	7.9000
四大区域变异系数	0.3450	0.3155	0.2983	0.2584	0.2341	0.2357
31 个省区市标准差	17144.4000	18796.7800	19739.4900	2.7788	2.7090	1.9588
31 个省区市均值	33359.8400	39441.8700	43386.7400	12.4700	11.4100	10.1700
31 个省区市变异系数	0.5139	0.4766	0.4550	0.2228	0.2374	0.1926

资料来源：李建平，李闽榕，高燕京．"十二五"中期中国省域经济综合竞争力发展报告[M]．北京：社会科学文献出版社，2014.

然而，从反映区域发展相对差异的变异系数和四大区域的人均 GDP 比差来看，我国各大区域间经济增长的相对差距有所缩小，区域经济发展的协调性进一步增强。如表 5-4 所示，2010—2012 年，我国 31 个省区市人均 GDP 的变异系数由 0.5139 降低至 0.4550，四大区域的变异系数由 0.3450 降低至 0.2983。我国东部、中部、西部和东北四大区域的人均 GDP 比差由 2010 年的 2.07∶1.08∶1∶1.53 调整为 2012 年的 1.84∶1.04∶1∶1.47。

2012 年，我国区域经济增长的"西高东低"的特点更为明显。东部地区的北京、上海、广东、浙江、海南的人均 GDP 增速放缓，分别为 4.90%、5.70%、7.39%、7.68%的 8.00%，排在全国倒数后五位。然而西部地区的贵州、陕西、重庆、四川、云南的增速分别为 13.50%、12.60%、12.40%、12.30%和 12.30%，位列全国前五位。从全社会固定资产投资总额和实际外商直接投资这两个重要指标来看，由东部地区长期"唱主角"的传统格局也逐渐开始被打破。2010—2012 年，东部地区全社会固定资产投资总额占全国的比重由 42.7%下降到 41.2%，而西部地区所占比重则由 22.8%上升到

24.1%，中部地区和东北地区基本持平；东部地区实际利用外商直接投资占全国的比重由81.8%下降到55.1%，而中部地区由6.0%增加到15.4%，西部地区由6.0%增加到14.0%，东北地区则由6.2%增加到15.5%。①

从表5-5可见，"十一五"期间，我国四大区域的经济增速情况如下：西部地区的内蒙古自治区经济增长最快，平均增速高达17.6%；东部地区的天津经济增速排名第一，平均增速达到16.1%；中部地区经济增长最快的是湖南省，平均增速达到14.0%，中部地区经济增长最慢的山西省，其平均增速与东部地区增长最慢的上海市持平，达到11.2%；东北地区的吉林省和辽宁省经济增长较快，其平均增速分别高达14.9%和14.0%，其中，吉林省经济增速仅低于东部地区的天津市和西部地区的内蒙古自治区；西部地区的重庆市和陕西省，其经济增长速度与吉林省旗鼓相当，也达到了14.9%；经济增长最慢的新疆维吾尔自治区，其平均增速也达到了10.6%。2011—2012年，东部地区除天津市（年均增速15.1%）和福建省（年均增速11.9%）以外的其他省市，其经济增速明显放缓，均低于西部、中部和东北地区的所有省区市。东部地区的上海市（年均增速7.8%）、北京市（年均增速7.9%）、浙江省（年均增速8.5%）和广东省（年均增速9.1%），其年均增速分别排在全国倒数第一、第二、第三和第四位。东北地区经济增长最慢的是辽宁省，其年均增速为10.9%。中部地区经济增长最慢的是河南省，其年均增速为11.0%。西部地区经济增长最慢的是广西壮族自治区和宁夏回族自治区，其年均增速均达到了11.8%。

表5-5　2006—2012年各省区市（不包括香港、澳门、台湾）经济增速比较

单位：%

地 区		2006年	2007年	2008年	2009年	2010年	"十一五"平均增速	2011年	2012年	2011—2012年平均增速
东部	天津	14.7	15.5	16.5	16.5	17.4	16.1	16.4	13.8	15.1

① 李建平，李闽榕，高燕京."十二五"中期中国省域经济综合竞争力发展报告［M］.北京：社会科学文献出版社，2014.

续表

地区		2006 年	2007 年	2008 年	2009 年	2010 年	"十一五"平均增速	2011 年	2012 年	2011—2012年平均增速
东部	福建	14.8	15.2	13.0	12.3	13.9	13.8	12.3	11.4	11.9
	江苏	14.9	14.9	12.7	12.4	12.7	13.5	11.1	10.1	10.6
	海南	13.2	15.8	10.3	11.7	16.0	13.4	12.0	9.1	10.6
	山东	14.7	14.2	12.0	12.2	12.3	13.1	10.9	9.8	10.3
	广东	14.8	14.9	10.4	9.7	12.4	12.4	10.0	8.2	9.1
	浙江	13.9	14.7	10.1	8.9	11.9	11.9	9.0	8.0	8.5
	河北	13.4	12.8	10.1	10.0	12.2	11.7	11.3	9.6	10.5
	北京	13.0	14.5	9.1	10.2	10.3	11.4	8.1	7.7	7.9
	上海	12.7	15.2	9.7	8.2	10.3	11.2	8.2	7.5	7.8
中部	湖南	12.8	15.0	13.9	13.7	14.6	14.0	12.8	11.3	12.0
	湖北	13.2	14.6	13.4	13.5	14.8	13.9	13.8	11.3	12.5
	安徽	12.5	14.2	12.7	12.9	14.6	13.4	13.5	12.1	12.8
	江西	12.3	13.2	13.2	13.1	14.0	13.2	12.5	11.0	11.7
	河南	14.4	14.6	12.1	10.9	12.5	12.9	11.9	10.1	11.0
	山西	12.8	15.9	8.5	5.4	13.9	11.2	13.0	10.1	11.6
东北	吉林	15.0	16.1	16.0	13.6	13.8	14.9	13.8	12.0	12.9
	辽宁	14.2	15.0	13.4	13.1	14.2	14.0	12.2	9.5	10.9
	黑龙江	12.1	12.0	11.8	11.4	12.7	12.0	12.3	10.0	11.2
西部	内蒙古自治区	19.1	19.2	17.8	16.9	15.0	17.6	14.3	11.5	12.9
	重庆	12.4	15.9	14.5	14.9	17.1	14.9	16.4	13.6	15.0
	陕西	13.9	15.8	16.4	13.6	14.6	14.9	13.9	12.9	13.4
	四川	13.5	14.5	11.0	14.5	15.1	13.7	15.0	12.6	13.8
	广西壮族自治区	13.6	15.1	12.8	13.9	14.2	13.9	12.3	11.3	11.8
	青海	13.3	13.5	13.5	10.1	15.3	13.1	13.5	12.3	12.9
	宁夏回族自治区	12.7	12.7	12.6	11.9	13.5	12.7	12.1	11.5	11.8
	贵州	12.8	14.8	11.3	11.4	12.8	12.6	15.0	13.6	14.3

地 区		2006年	2007年	2008年	2009年	2010年	"十一五"平均增速	2011年	2012年	2011—2012年平均增速
西部	西藏自治区	13.3	14.0	10.1	12.4	12.3	12.4	12.7	11.8	12.2
	云南	11.6	12.2	10.6	12.1	12.3	11.8	13.7	13.0	13.3
	甘肃	11.5	12.3	10.1	10.3	11.8	11.2	12.5	12.6	12.5
	新疆维吾尔自治区	11.0	12.2	11.0	8.1	10.6	10.6	12.0	12.0	12.0

资料来源：李建平，李闽榕，高燕京."十二五"中期中国省域经济综合竞争力发展报告［M］.北京：社会科学文献出版社，2014.

从中国各地区生产总值增长率的变化情况来看，很明显，2008—2012年，我国中西部地区和东北地区的经济增速已经超过了东部地区和全国平均水平，其中，西部地区的经济增长速度最快（见表5-6）。

表5-6　2005—2012年中国各地区生产总值增长率的变化情况　单位：%

年份	全国	东部地区	东北地区	中部地区	西部地区
2007—2009	11.3	11.71	10.90	12.71	12.6
2010—2012	9.4	10.65	10.38	12.20	12.7
2005	11.4	12.26	9.03	12.17	12.07
2006	12.7	12.94	10.90	12.57	12.69
2007	14.2	13.92	11.43	14.13	13.79
2008	9.7	10.66	11.00	12.28	12.02
2009	9.4	10.54	10.27	11.73	12.04
2010	10.6	12.16	10.27	13.47	13.13
2011	9.6	10.55	10.77	12.45	13.46
2012	7.9	9.24	10.10	10.68	11.63

资料来源：徐绍史.2015国家西部开发报告［M］.杭州：浙江大学出版社，2015.

第三，产业结构逐步优化，区域间产业发展差距较大。

第一产业增加值占地区生产总值比重普遍下降。从表5-7可见，2012

年第一产业增加值占地区生产总值比重较大的省份为海南、新疆维吾尔自治区、广西壮族自治区、云南和黑龙江，均超过了 15%，第一产业占比较小的是上海、北京和天津，均在 2% 以下，分别为 0.6%、0.8% 和 1.3%。和 2010 年相比，2012 年除黑龙江、云南、江苏以及广东省外，其他省区市第一产业增加值占地区生产总值的比重呈现出不同程度的下降。[①]

第二产业占比的变化呈现出区域化特征。如表 5-7 所示，2012 年第二产业增加值占地区生产总值比重较大的省份为青海、河南、陕西、山西和内蒙古自治区等中西部省份，其所占比重均超过了 55%，第二产业占比较小的是贵州、上海、西藏自治区、海南和北京，均在 40% 以下，而东部地区的海南和北京第二产业所占比重仅分别为 28.2% 和 22.7%。与 2010 年相比，2012 年有 14 个省区市的第二产业增加值占地区生产总值的比重有所上升，16 个省区市所占比重有所下降，贵州省没有发生变化。在所占比重上升的 14 个省区市中，除福建与河北外，其余皆处于中西部地区，这说明我国中西部地区正处于工业化的快速发展时期，其中青海、安徽、西藏自治区与陕西的第二产业所占比重增长最快，均超过了 2 个百分点。然而在所占比重下降的 16 个省区市中，有 8 个属于东部沿海地区，表明东部沿海地区正逐步向工业化后期转变，其中黑龙江和上海的下降幅度最大，分别为 6.1 个百分点和 3.2 个百分点。[②]

第三产业增加值占地区生产总值比重上升幅度明显。从表 5-7 可见，2012 年第三产业增加值占地区生产总值比重较大的为北京、上海和西藏自治区，均超过了 50%，分别为 76.5%、60.4% 和 53.9%，反映出北京和上海已进入第三产业为主导产业的阶段，而西藏自治区第三产业所占比重较为稳定，是其大力实施"一产上水平、二产抓重点、三产大发展"经济发展战略的结果。第三产业所占比重较小的吉林、陕西、江西、四川、青海、安徽和河南，多为中西部省份，占比均在 35% 以下，反映出这些地区第三产业依然薄弱。东部地区的天津、海南、广东和浙江的第三产业所占比重都超过了

---

①② 李建平，李闽榕，高燕京．"十二五"中期中国省域经济综合竞争力发展报告 [M]. 北京：社会科学文献出版社，2014.

45%。和 2010 年相比，2012 年有 20 个省区市的第三产业所占比重实现了提升，10 个省区市的有所下降，而广西壮族自治区第三产业所占比重几乎没有发生变化。第三产业占比增长最快的是新疆维吾尔自治区、山东、黑龙江、上海和重庆，其增幅均在 3 个百分点以上。在第三产业占比下降的省区市中，除福建外，其余皆为中西部省区市，反映出我国中西部地区正处在工业化快速发展时期，第二产业带动经济增长的动力仍然较大，第三产业发展仍有较大空间。其中下降幅度较大的省份为湖北、吉林、安徽、陕西和青海，其下降幅度均超过 1 个百分点。[①]可见，东部与中西部在发展阶段与产业结构上存在着较大差距。

尽管东部与中西部存在较大的产业结构差距，但各区域间的经济产业结构相似度却很高。2003—2012 年，全国各地工业产业结构平均相似度高于0.7。2012 年，东部、中部、西部工业结构相似率为 93.5%，中西部的工业结构相似率高达 97.9%。[②]这说明我国区域间缺乏合理的产业分工，没有实现区域间的优势互补。这种区域间产业结构趋同的现象阻碍地区优势的发挥，不利于区域间的产业转移，进而影响我国整体产业的优化升级。

表 5-7　2010—2012 年中国各省区市三次产业占比与人均 GDP 情况

| 地　区 | | 产业增加值占 GDP 的比重（%） | | | | | | | | | 人均 GDP（元） | | |
| | | 第一产业 | | | 第二产业 | | | 第三产业 | | | | | |
		2010年	2011年	2012年	2010年	2011年	2012年	2010年	2011年	2012年	2010 年	2011 年	2012 年
东部	天津	1.6	1.4	1.3	52.5	52.4	51.7	46.0	46.2	47.0	72994.0	85213.0	93173.0
	北京	0.9	0.8	0.8	24.0	23.1	22.7	75.1	76.1	76.5	73856.0	81658.0	87475.0
	上海	0.7	0.7	0.6	42.1	41.3	38.9	57.3	58.0	60.4	76074.0	82560.0	85373.0
	江苏	6.1	6.2	6.3	52.5	51.3	50.2	41.4	42.4	43.5	52840.0	62290.0	68347.0
	浙江	4.9	4.9	4.8	51.6	51.2	50.0	43.5	43.9	45.2	51711.0	59249.0	63374.0

①② 李建平，李闽榕，高燕京．"十二五"中期中国省域经济综合竞争力发展报告［M］. 北京：社会科学文献出版社，2014.

续表

地 区		产业增加值占 GDP 的比重（%）									人均 GDP（元）		
		第一产业			第二产业			第三产业					
		2010年	2011年	2012年	2010年	2011年	2012年	2010年	2011年	2012年	2010 年	2011 年	2012 年
东部	广东	5.0	5.0	5.0	50.0	49.7	48.5	45.0	45.3	46.5	44736.0	50807.0	54095.0
	福建	9.3	9.2	9.0	51.0	51.6	51.7	39.7	39.2	39.3	40025.0	47377.0	52763.0
	山东	9.2	8.8	8.6	54.2	52.9	51.5	36.6	38.3	40.0	41106.0	47335.0	51768.0
	河北	12.6	11.9	12.0	52.5	53.5	52.7	34.9	34.6	35.3	28668.0	33969.0	36584.0
	海南	26.1	26.1	24.9	27.7	28.3	28.2	46.2	45.5	46.9	23831.0	28898.0	32377.0
中部	湖北	13.4	13.1	12.8	48.6	50.0	50.3	37.9	36.9	36.9	27906.0	34197.0	38572.0
	山西	6.0	5.7	5.8	56.9	59.0	55.6	37.1	35.2	38.7	26283.0	31357.0	33628.0
	湖南	14.5	14.1	13.6	45.8	47.6	47.4	39.7	38.3	39.0	24719.0	29880.0	33480.0
	河南	14.1	13.0	12.7	57.3	57.3	56.3	28.6	29.7	30.9	24446.0	28661.0	31499.0
	江西	12.8	11.9	11.7	54.2	54.6	53.6	33.0	33.5	34.6	21253.0	26150.0	28800.0
	安徽	14.0	13.2	12.7	52.1	54.3	54.6	33.9	32.5	32.7	20888.0	25659.0	28792.0
东北	辽宁	8.8	8.6	8.7	54.1	54.7	53.2	37.1	36.7	38.1	42355.0	50760.0	56649.0
	吉林	12.1	12.1	11.8	52.0	53.1	53.4	35.9	34.8	34.8	31599.0	38460.0	43415.0
	黑龙江	12.6	13.5	15.4	50.2	50.3	44.1	37.2	36.2	40.5	27076.0	32819.0	35711.0
西部	内蒙古自治区	9.4	9.1	9.1	54.6	56.0	55.4	36.1	34.9	35.5	47347.0	57974.0	63886.0
	重庆	8.6	8.4	8.2	55.0	55.4	52.4	36.4	36.2	39.4	27596.0	34500.0	38914.0
	陕西	9.8	9.8	9.5	53.8	55.4	55.9	36.4	34.8	34.7	27133.0	33464.0	38564.0
	宁夏回族自治区	9.4	8.8	8.5	49.0	50.2	49.5	41.6	41.0	42.0	26860.0	33043.0	36394.0
	新疆维吾尔自治区	19.8	17.2	17.6	47.7	48.8	46.4	32.5	34.0	36.0	25034.0	30087.0	33796.0
	青海	10.0	9.3	9.3	55.1	58.4	57.7	34.9	32.3	33.0	24115.0	29522.0	33181.0
	四川	14.4	14.2	13.8	50.5	52.5	51.7	35.1	33.4	34.5	21182.0	26133.0	29608.0
	广西壮族自治区	17.5	17.5	16.7	47.1	48.4	47.9	35.4	34.1	35.4	20219.0	25326.0	27952.0

地 区		产业增加值占GDP的比重（%）									人均GDP（元）		
		第一产业			第二产业			第三产业					
		2010年	2011年	2012年	2010年	2011年	2012年	2010年	2011年	2012年	2010年	2011年	2012年
西部	西藏自治区	13.5	12.3	11.5	32.3	34.5	34.6	54.2	53.2	53.9	17319.0	20077.0	22936.0
	云南	15.3	15.9	16.0	44.6	42.5	42.9	40.0	41.6	41.1	15752.0	19265.0	22195.0
	甘肃	14.5	13.5	13.8	48.2	47.4	46.0	37.3	39.1	40.2	16113.0	19595.0	21978.0
	贵州	13.6	12.7	13.0	39.1	38.5	39.1	47.3	48.8	47.9	13119.0	16413.0	19710.0

资料来源：李建平，李闽榕，高燕京．"十二五"中期中国省域经济综合竞争力发展报告［M］. 北京：社会科学文献出版社，2014.

值得一提的是，我国城镇化战略深入实施，城镇化水平进一步提高，2011年我国城镇化率达到51.3%，城镇人口规模首次超过农村。[①]

第二节　区域经济协调发展战略的深化完善（2012—2019年）

进入21世纪以来，新兴市场国家和发展中国家群体性崛起。"近几年，这些国家对世界经济增长的贡献率稳居高位，2016年达到80%，是当之无愧的主引擎。"[②]

"新一轮科技革命和产业变革蓄势待发，改革创新潮流奔腾向前。"[③]然而，发展机遇与新的挑战同时并存。[④]当前，"世界经济结构经历深刻调整，国际市场需求萎缩，金融风险积聚"[⑤]。各方围绕利益、规则的博弈日益激

---

① 李建平，李闽榕，高燕京．"十二五"中期中国省域经济综合竞争力发展报告［M］. 北京：社会科学文献出版社，2014.

②③④⑤ 习近平．习近平金砖国家领导人厦门会晤重要讲话（汉英对照）［M］. 北京：外文出版社，2018.

烈，多边贸易谈判举步维艰，外部环境更加复杂严峻。^①2017 年 9 月 3 日，习近平同志在金砖国家工商论坛开幕式上的讲话，准确描述了当今世界的复杂多变的发展形势。^②

2012 年以来，中国经济从高速增长向高质量发展转变^③，区域经济协调发展战略是"决胜全面建成小康社会、开启全面建设社会主义现代化国家新征程"的重要战略。

一、区域经济协调发展的战略思路日益成熟

2012 年 11 月 8 日，党的十八大报告强调："继续实施区域发展总体战略，充分发挥各地区比较优势，优先推进西部大开发，全面振兴东北地区等老工业基地，大力促进中部地区崛起，积极支持东部地区率先发展。采取对口支援等多种形式，加大对革命老区、民族地区、边疆地区、贫困地区扶持力度。科学规划城市群规模和布局，增强中小城市和小城镇产业发展、公共服务、吸纳就业、人口集聚功能。加快改革户籍制度，有序推进农业转移人口市民化，努力实现城镇基本公共服务常住人口全覆盖。"^④

2015 年 10 月，"创新、协调、绿色、开放、共享"^⑤ 的发展理念成为当今及未来一段时期区域协调发展理论问题研究和实践问题研究的基础，具有重要的指导意义。我国区域经济发展按照创新、协调、绿色、开放、共享的思路逐步深入，从而实现我国经济社会的深刻变革。

2016 年 3 月 16 日，第十二届全国人民代表大会第四次会议通过的《中华人民共和国国民经济和社会发展第十三个五年（2016—2020 年）规划纲

---

① ②　习近平. 习近平金砖国家领导人厦门会晤重要讲话（汉英对照）[M]. 北京：外文出版社，2018.

③　2014 年 11 月 9 日，习近平同志在北京举行的亚太经合组织工商领导人峰会开幕式上发表重要演讲，指出："中国经济呈现出新常态，有几个主要特点。一是从高速增长转为中高速增长。二是经济结构不断优化升级，第三产业、消费需求逐步成为主体，城乡区域差距逐步缩小，居民收入占比上升，发展成果惠及更广大民众。三是从要素驱动、投资驱动转向创新驱动。"

④　中共中央文献研究室. 十八大以来重要文献选编（上）[M]. 北京：中央文献出版社，2014.

⑤　党的十八届五中全会提出五大新发展理念，即"创新、协调、绿色、开放、共享"。

要》强调，"深入实施西部开发、东北振兴、中部崛起和东部率先的区域发展总体战略，创新区域发展政策，完善区域发展机制，促进区域协调、协同、共同发展，努力缩小区域发展差距"。①

"十三五"规划提出，加快构建大中小城市和小城镇合理分布、协调发展的"两横三纵"②城市化战略格局。加快城市群建设发展，优化提升东部地区城市群，培育中西部地区城市群，发展壮大东北地区、中原地区、长江中游、成渝地区、关中平原城市群，形成更多支撑区域发展的增长极，增强中心城市辐射带动功能，加快发展中小城市和特色镇。③

2017年10月18日，习近平同志在党的十九大报告第五部分"贯彻新发展理念，建设现代化经济体系"中将区域协调发展战略提升为总领性战略。区域协调发展与供给侧结构性改革、建设创新型国家、乡村振兴、完善社会主义市场经济体制、推动形成全面开放新格局共同组成我国现代化经济体系。

习近平同志在党的十九大报告中强调，新时代我国区域经济协调发展战略要从以下七大方面推进和实施："加大力度支持革命老区、民族地区、边疆地区、贫困地区加快发展，强化举措推进西部大开发形成新格局，深化改革加快东北等老工业基地振兴，发挥优势推动中部地区崛起，创新引领率先实现东部地区优化发展，建立更加有效的区域协调发展新机制。以城市群为主体构建大中小城市和小城镇协调发展的城镇格局，加快农业转移人口市民化。以疏解北京非首都功能为'牛鼻子'推动京津冀协同发展，高起点规划、高标准建设雄安新区。以共抓大保护、不搞大开发为导向推动长江经济带发展。支持资源型地区经济转型发展。加快边疆发展，确保边疆巩固、边境安全。坚持陆海统筹，加快建设海洋强国。"④

2018年3月5日，李克强同志在政府工作报告中也指出：要"扎实推进

---

①③　中共中央. 中华人民共和国国民经济和社会发展第十三个五年规划纲要［M］. 北京：人民出版社，2016.

②　即以陆桥通道、沿长江通道为横轴，以沿海、京哈京广、包昆通道为纵轴。

④　习近平. 论坚持全面深化改革［M］. 北京：中央文献出版社，2018.

区域协调发展战略"；要"完善区域发展政策，推进基本公共服务均等化，逐步缩小城乡区域发展差距，把各地比较优势和潜力充分发挥出来"。

李克强同志同样强调从加强对边远贫困地区、边疆民族地区和革命老区的支持，推进京津冀协同发展，推进长江经济带发展，深入实施区域发展总体战略，支持资源型地区经济转型发展，壮大海洋经济，提高新型城镇化质量七个方面塑造区域发展新格局。

2019年8月，中央财经委员会第五次会议指出，中心城市和城市群正成为承载发展要素的主要空间形式。新形势下促进区域协调发展，"要增强中心城市和城市群等经济发展优势区域的经济和人口承载能力"。这一要求与区域经济发展的规律完全一致。

党的十八大以来，我国经济建设取得重大成就，区域发展协调性增强。

二、优化区域开放、开发布局，加大西部开放、开发力度

2012年，国家发展和改革委员会再次召开西部大开发工作会议，全面总结了西部大开发战略实施以来的成就与问题，深入分析了现阶段西部大开发面临的新形势、新任务和新挑战，并研究部署了《西部大开发"十二五"规划》的落实工作。2012年2月，《西部大开发"十二五"规划》正式出台，主要围绕重点区域、基础设施、生态环境、特色优势产业、城镇化与城乡统筹、科教与人才以及民生事业等多个方面对新一轮西部大开发作出了规划部署。自2013年起，国家发展和改革委员会连续多年发布西部大开发新开工的重点工程，并对上一年的工程进展进行公布。

《西部大开发"十二五"规划》提出，推动资源开发利用方式转变，构建现代资源开发利用产业体系。①

2016年，"十三五"规划提出，把深入实施西部大开发战略放在优先位置，更好发挥"一带一路"倡议建设对西部大开发的带动作用。加快通道、

---

① 《西部大开发"十二五"规划》提出将西部初步建成全国重要的能源、资源深加工，装备制造及战略性新兴产业基地。

枢纽等基础设施建设，明显改善其对外通行条件。大力发展绿色农产品加工、文化旅游等特色优势产业。设立一批国家级产业转移示范区，发展产业集群。依托资源环境承载力较强地区，提高资源就地加工转化比重。加强水资源科学开发和高效利用。强化生态环境保护，提升生态安全屏障功能。健全长期稳定资金渠道，继续加大转移支付和政府投资力度。加快基本公共服务均等化。加大门户城市开放力度，提升开放型经济水平。推进新疆建成向西开放的重要窗口、西藏建成面向南亚开放的重要通道、云南建成面向南亚东南亚的辐射中心、广西壮族自治区建成面向东盟的国际大通道。①

2017 年，国家发展和改革委员会发布了《西部大开发"十三五"规划》，围绕多个重点方面对深入推进西部大开发作出了新指示，主要包括"构建区域发展新格局、坚持开放引领发展、筑牢国家生态安全屏障、培育现代产业体系、完善基础设施网络、增加公共服务供给以及推进新型城镇化"等多个方面的规划措施。

《西部大开发"十三五"规划》进一步强调大力发展特色优势产业：国家采取新的有针对性的措施，支持西部发挥比较优势，培育特色优势产业。②国家在政策方面对于落后区域尤其是中西部区域进一步给予照顾或优惠。

2019 年 3 月 19 日，《关于新时代推进西部大开发形成新格局的指导意见》在中央全面深化改革委员会第七次会议通过。该指导意见明确指出，"要更加注重推动高质量发展，贯彻落实新发展理念，深化供给侧结构性改革，促进西部地区经济社会发展与人口、资源、环境相协调"③。

"推进西部大开发形成新格局，要围绕抓重点、补短板、强弱项，更加注重抓好大保护，从中华民族长远利益考虑，把生态环境保护放到重要位置，坚持走生态优先、绿色发展的新路子。要更加注重抓好大开放，发挥共

① 中共中央. 中华人民共和国国民经济和社会发展第十三个五年规划纲要 ［M］. 北京：人民出版社，2016.

② 李敏纳，蔡舒，张慧蓉. 中美西部开发比较研究——基于资源和产业开发的视角 ［M］. 北京：经济管理出版社，2018.

③ 白永秀，何昊. 西部大开发 20 年：历史回顾、实施成效与发展对策 ［J］. 人文杂志，2019（11）：55-56.

建'一带一路'倡议的引领带动作用，加快建设内外通道和区域性枢纽，完善基础设施网络，提高对外开放和外向型经济发展水平。"[1]

西部大开发战略的深入实施，较好地扭转了东部、西部地区区域发展差距不断拉大的趋势，这种把欠发达地区发展上升到国家战略的高度，并通过国家的政策、资金、项目加上其他地区政府和企业的共同参与来推动欠发达地区发展、以缩小区域差距的尝试，无论在实践上还是在理论上都是区域发展领域的重大创新。

西部地区开发开放力度进一步加大。2014年，国务院批复同意设立陕西西咸、贵州贵安、四川天府3个新区，国务院印发《沿边地区开发开放规划（2014—2020年）》，二连浩特重点开发开放试验区及新疆维吾尔自治区喀什、甘肃兰州口岸通过验收，新疆维吾尔自治区霍尔果斯铁路口岸和老爷庙公路口岸对外开放，中国—亚欧博览会、中国西部国际博览会、中国—东盟博览会、中国—南亚博览会等大型活动成功举办。2017年，国家新开工西部大开发重点工程17项，投资总规模为4941亿元。2000—2017年，西部大开发累计新开工重点工程317项，投资总额达6.85万亿元。[2] 2017年以来，加快推进中蒙俄、新亚欧大陆桥、中国—中亚—西亚、中国—中南半岛、中巴、孟中印缅等经济走廊境内段建设，加强西部地区与"一带一路"倡议沿线国家的交流合作，大力支持西部内陆开放平台建设，培育西部地区全方位开放新高地，充分发挥沿边省区和沿边各类功能区作用，建设我国向西、向北开放的窗口和向南亚、东南亚开放的门户，不断加快西部地区开发开放。

差别化政策细化实施。2014年，中央财政共安排西部地区各项转移支付2.04万亿元，中央预算内投资安排西部地区1875亿元，《西部地区鼓励类产业目录》经国务院批准同意向社会公布，对西部地区企业申请首次公开发行上市实行"优先审核"，核定西部地区发行地方政府债券1375亿元，安排西部地区用地计划指标198.3万亩。2017年，继续加强西部地区综合交通基础

① 任保平，张倩. 西部大开发20年西部地区经济发展的成就、经验与转型 [J]. 陕西师范大学学报（哲学社会科学版），2019，48（4）：46.
② 闻璋. 西部大开发投资总额已达6.85万亿元 [J]. 中国招标，2018（1）：16-17.

设施建设，新增重点工程投资 1598 亿元，不断优化能源基础设施布局，新增工程投资 206 亿元，使用中央预算内资金 80 亿元，改造提升水利基础设施，进一步加强通信基础设施建设。①2017 年，中央进一步加大扶贫资金投入力度，并继续向西部地区倾斜，安排西部 12 省区市中央财政专项扶贫资金 556 亿元，占资金总量的 64.6%，同时，进一步加大对"三区三州"等深度贫困地区的支持力度，专项安排资金 49.2 亿元。②2017 年，中央财政下达西部省区市城乡义务教育经费保障机制资金 447.3 亿元，继续加大就业补助资金转移支付力度，共拨付西部 12 省区市就业补助资金 145 亿元，截至 2017 年 11 月底，下达西部地区各项转移支付 24888 亿元，占中央财政安排地方转移支付的 44.3%。与此同时，对西部地区实行倾斜的信贷政策，截至 2017 年 10 月底，西部地区支农、扶贫再贷款余额分别为 1159 亿元、881 亿元，年累放额分别为 1027 亿元、733 亿元，支小再贷款余额 255 亿元，年累放额为 192 亿元。2017 年 10 月末，西部地区人民币各项贷款余额 24 万亿元，同比增长 13.4%，较全国人民币各项贷款余额同比增速高 0.4 个百分点。③

对口支援得到加强。东中部地区有关部门继续加大对西部地区特别是西藏、新疆维吾尔自治区和四省藏区支持力度。2014 年，东部地区向西部贫困地区投入财政援助资金 13.3 亿元，引导企业投资 3100 多亿元，定点扶贫单位向西部国家扶贫开发重点县投入帮扶资金 22.7 亿元，全军和武警部队援建省以上重点工程 240 多项。④ 2017 年，东部各省市投入扶贫协作地区财政援助资金达到 49 亿元，比 2016 年增长 67%。⑤

经过 20 年的艰苦奋斗，西部地区经济保持平稳较快发展，经济实力大幅提升。特别是 2012 年以来，西部地区生产总值年均增速达到 8% 以上，高出全国增速 1 个百分点以上，使得西部地区与其他地区之间的发展差距进一步缩小。

"十二五"期间，西部地区的 GDP 总量持续扩大，在 2015 年达到

①②③⑤　何立峰.2018 国家西部开发报告［M］. 杭州：浙江大学出版社，2018.

④　徐绍史.2015 国家西部开发报告［M］. 杭州：浙江大学出版社，2015.

145018.92 亿元。

2014 年，西部地区实现地区生产总值 13.8 万亿元，增长 9.0%，规模以上工业增加值增长 10.6%，固定资产投资（不含农户）增长 17.5%，社会消费品零售总额增长 12.4%，城乡居民人均可支配收入分别增长 9.1%、11.5%，主要经济指标增速继续领先东部、中部和东北三大板块。① 2013—2017 年，西部地区生产总值从 11.94 万亿元增加到 16.97 万亿元，年均增长 8.98%，占全国比重也略有增加。老百姓的生活水平持续提高，2017 年城镇和农村居民人均可支配收入分别达到 3.1 万元和 1.1 万元，分别是 2013 年的 1.38 倍和 1.46 倍。

经济新常态背景下，虽然西部地区的 GDP 增速明显放缓，2015 年增速下降到 8.82%，但这一增速仍高于全国水平的 6.9%。② 2017 年，西部地区固定资产投资达到 166571 亿元，同比增长 8.5%，高出全国增速 1.3 个百分点，进出口总额达到 20960 亿元，同比增长 23.5%，高出全国增速 9.3 个百分点。③ 2018 年西部十二省区市的 GDP 总和已达 18.91 万亿元，占到全国的 20.5%，比 1999 年的 17.47%，增长 2.03 个百分点。④

随着西部大开发战略的深入实施，西部地区在基础设施建设、生态环境保护、特色优势产业发展、增长极培育和城镇化推进等方面取得了辉煌成就，发展环境和条件逐步得到改善，东西部发展差距趋于缩小。在全面推进现代化建设的新时代，西部地区既面临着加快新旧动能转换、推动高质量发展的巨大压力，同时也迎来了国家向西开放和推动内陆地区开放等新机遇。顺应新时代、新趋势和新要求，围绕缩小区域差距，促进区域协调发展，沿着改善人民生活、保护生态环境、加快产业发展、优化空间布局、推动区域合作的路径，形成东中西互动、南北方共赢的西部开发开放新格局。

① 徐绍史．2015 国家西部开发报告［M］．杭州：浙江大学出版社，2015.
② 白永秀，何昊．西部大开发 20 年：历史回顾、实施成效与发展对策［J］．人文杂志，2019（11）：55-56.
③ 何立峰．2018 国家西部开发报告［M］．杭州：浙江大学出版社，2018.
④ 刘以雷．新时代推进西部大开发形成新格局需重点处理好四个关系［J］．新西部，2019（22）：12-13.

三、大力推动东北地区等老工业基地振兴

2014年8月，国务院印发了《关于近期支持东北振兴若干重大政策举措的意见》，从11个方面提出了130多项支持东北振兴的政策措施。

《关于近期支持东北振兴若干重大政策举措的意见》出台后，国家发展和改革委员会牵头组织推进文件的贯彻落实，把文件提出的措施分解为76项重点任务，并配套实施139项东北振兴重大项目。这些重点民生、重大基础设施项目都属于"短板""瓶颈"领域，按照"重点任务逐项推进，重大项目逐项落实"的原则，积极协调解决项目在规划、审批和开工建设等环节遇到的困难。到2015年7月，76项重点任务中，除15项常态化工作外，有20余项已基本落实，近30项取得重要进展；139项重大项目中，已竣工和在建项目80项，累计完成投资5676亿元，为更好地推动东北地区振兴发展奠定了比较好的基础。

2016年，"十三五"规划提出从以下八个方面大力推动东北地区等老工业基地振兴：第一，加快市场取向的体制机制改革，积极推动结构调整，加大支持力度，提升东北地区等老工业基地发展活力、内生动力和整体竞争力。第二，加快服务型政府建设，改善营商环境，加快发展民营经济。第三，大力开展和积极鼓励创业创新，支持建设技术和产业创新中心，吸引人才等各类创新要素集聚，使创新真正成为东北地区发展的强大动力。第四，加快发展现代化大农业，促进传统优势产业提质增效，建设产业转型升级示范区，推进先进装备制造业基地和重大技术装备战略基地建设。第五，支持资源型城市转型发展，组织实施好老旧城区改造、沉陷区治理等重大民生工程。第六，加快建设快速铁路网和电力外送通道。第七，深入推进国资国企改革，加快解决厂办大集体等问题。第八，支持建设面向俄罗斯、日本、韩国等国家的合作平台。①"支持黑龙江、吉林、辽宁、内蒙古建成向北开放的

---

① 中共中央. 中华人民共和国国民经济和社会发展第十三个五年规划纲要 [M]. 北京：人民出版社，2016.

重要窗口和东北亚区域合作的中心枢纽。加快建设面向东北亚的长吉图开发开放先导区。"①

　　然而，东北地区面临资源枯竭、活力不足、人才流失等一系列困难，发展相对滞后。② 党的十八大以来，习近平同志先后到东北调研 5 次，并召开专题座谈会 2 次，决心加大创新投入、培育新业态、发展新技术，奋力走出全面、全方位振兴东北地区新路子。针对东北困境，习近平说："下一步，特别是'十四五'时期，要有新的战略性举措，推动东北地区实现全面振兴。"③ 2019 年 6 月，李克强同志主持召开国务院振兴东北地区等老工业基地领导小组会议强调，更大力度推进改革开放，奋力实现东北全面振兴。

四、促进中部地区崛起，构筑承东启西、连南接北的战略枢纽

　　2012 年 8 月 27 日，国务院发布了《关于大力实施促进中部地区崛起战略的若干意见》，强调指出"在新形势下大力促进中部地区崛起，是推动中部地区转变经济发展方式，提升整体实力和竞争力，缩小与东部地区发展差距的客观需要，是发挥中部地区区位优势，构筑承东启西、连南接北的战略枢纽，加快形成协调互动的区域发展新格局的现实选择"，并提出 2020 年发展目标。④

　　2016 年，"十三五"规划提出从以下六个方面促进中部地区崛起：第

---

① 中共中央. 中华人民共和国国民经济和社会发展第十三个五年规划纲要 ［M］. 北京：人民出版社，2016.

② 2012—2018 年，东北地区经济总量占全国的比重从 8.7% 下降至 6.2%，常住人口减少 137 万（其中多数是年轻人和科技人才）。

③ 习近平. 推动形成优势互补高质量发展的区域经济布局 ［J］. 实践（思想理论版），2021（1）：4-7.

④ 到 2020 年，中部地区经济发展方式转变取得明显成效，年均经济增长速度继续快于全国平均水平，整体实力和竞争力显著增强，经济总量占全国的比重进一步提高，区域主体功能定位更加清晰，"三基地、一枢纽"地位更加巩固，城乡区域更加协调，人与自然更加和谐，体制机制更加完善，城乡居民收入与经济同步增长，城镇化率力争达到全国平均水平，基本公共服务主要指标接近东部地区水平，努力实现全面崛起，在支撑全国发展中发挥更大作用。

一，制定实施新时期促进中部崛起规划，完善支持政策体系，推动城镇化与产业支撑、人口集聚有机结合，形成重要战略支撑区。第二，支持中部地区加快建设贯通南北、连接东西的现代立体交通体系和现代物流体系，培育壮大沿江沿线城市群和都市圈增长极。第三，有序承接产业转移，加快发展现代农业和先进制造业，支持能源产业转型发展，建设一批战略性新兴产业和高技术产业基地，培育一批产业集群。第四，加强水环境保护和治理，推进鄱阳源、洞庭湖生态经济区和汉江、淮河生态经济带建设。第五，加快郑州航空港经济综合实验区建设。第六，支持发展内陆开放型经济。①

先后出台的《长江中游城市群发展规划》《促进中部地区崛起规划（2016—2025年）》和《长江经济带规划纲要》相互衔接，重点强调推进内陆地区的对内对外开放，突出长江中游城市群对中部地区的带动作用。

五、支持东部地区率先发展，引领和带动其他地区加速发展

"十二五"时期，东部地区GDP总量占全国的总量接近57%，东部地区每年产生的专利数量占全国70%以上，加上劳动力、市场化改革等方面有更好的基础，所以，国家发展和改革委员会认为，在"十三五"期间应该更好地考虑发挥东部沿海地区的优势。

2016年，国家"十三五"规划提出从以下八个方面支持东部地区率先发展：第一，支持东部地区更好发挥对全国发展的支撑引领作用，增强辐射带动能力；第二，加快实现创新驱动发展转型，打造具有国际影响力的创新高地；第三，加快推动产业升级，引领新兴产业和现代服务业发展，打造全球先进制造业基地；第四，加快建立全方位开放型经济体系，更高层次参与国际合作与竞争；第五，在公共服务均等化、社会文明程度提高、生态环境质量改善等方面走在前列；第六，推进环渤海地区合作协调发展；第七，支

---

① 中共中央.中华人民共和国国民经济和社会发展第十三个五年规划纲要［M］.北京：人民出版社，2016.

持珠三角地区建设开放创新转型升级新高地，加快深圳科技、产业创新中心建设；第八，深化泛珠三角区域合作，促进珠江—西江经济带加快发展。[①]

（一）建立自由贸易试验区

2013 年 9 月 18 日，国务院发布关于印发《中国（上海）自由贸易试验区总体方案》的通知，提出"要扩大服务业开放、推进金融领域开放创新，建设具有国际水准的投资贸易便利、监管高效便捷、法制环境规范的自由贸易试验区，使之成为推进改革和提高开放型经济水平的'试验田'，形成可复制、可推广的经验，发挥示范带动、服务全国的积极作用，促进各地区共同发展"[②]。"紧紧围绕面向世界、服务全国的战略要求和上海'四个中心'建设的战略任务，按照先行先试、风险可控、分步推进、逐步完善的方式，把扩大开放与体制改革相结合、把培育功能与政策创新相结合，形成与国际投资、贸易通行规则相衔接的基本制度框架。"[③]

从 2013 年 9 月首个自由贸易试验区——上海自贸区挂牌，至 2019 年 8 月，江苏、河北、黑龙江、山东、广西壮族自治区、云南第五批自贸区获批，我国已有 18 个自贸区分 5 批获批建设。[④] 至此，我国自由贸易试验区北至黑龙江，南至海南，东至江苏、浙江、上海，西至四川、陕西、云南，从东部沿海到西部内陆，地跨东部、东北、中部、西部四大区域，形成更加协调、更具竞争力的对外开放新格局。

国务院 2019 年 8 月 26 日印发的《中国（山东）、（江苏）、（广西）、（河北）、（云南）、（黑龙江）自由贸易试验区总体方案》，突出以制度创新为核心，扩大开放，引领高质量发展，服务和融入国家重大战略，进一步对标高标准国际经贸规则，充分利用各地资源禀赋优势与区位优势，形成各有侧重、各具特色的试点格局，积极服务"一带一路"倡议建设、京津冀协同发

---

① 中共中央 . 中华人民共和国国民经济和社会发展第十三个五年规划纲要［M］. 人民出版社，2016.

②③ 中共中央 . 十八大以来重要文献选编（上）［M］. 北京：中央文献出版社，2014.

④ 其中，广东、天津、福建第二批自贸区于 2015 年 4 月获批；辽宁、浙江、河南、湖北、重庆、四川、陕西第三批自贸区于 2017 年 3 月获批；海南自贸区于 2018 年 9 月获批。

展、海洋强国等国家战略。①

山东自贸区着眼的是发展海洋特色产业和探索中国、日本和韩国三国地方经济合作。江苏自贸区侧重的是打造开放型经济创新发展先行区和产业转型升级示范区。广西壮族自治区自贸区提出打造"面向东盟的国际陆海贸易新通道""形成21世纪海上丝绸之路和丝绸之路经济带有机衔接的重要门户"。河北自贸区全面落实中央关于京津冀协同发展战略和高质量建设雄安新区要求，努力建成贸易投资自由便利、高端高新产业集聚、金融服务开放创新、政府治理包容审慎、区域发展高度协同的高标准高质量自由贸易园区。云南自贸区则要推动形成我国面向南亚、东南亚辐射中心和开放前沿。黑龙江自贸区建设提出打造对俄罗斯及东北亚区域合作的中心枢纽。

服务于国家战略一直是自贸试验区建设的重要使命。上海、广东、天津、福建、辽宁、浙江、河南、湖北、重庆、四川、陕西、海南12个自贸试验区在服务深化粤港澳合作、推动京津冀合作、深化两岸经济合作、推进"一带一路"倡议建设、推动长江经济带发展、推动创新驱动发展、加快东北亚区域开放、推动国际油品贸易发展、推动内陆与沿海沿边沿江协同开放、加快老工业基地结构调整和推动西部大开发战略深入实施等国家战略方面发挥了重要作用。2019年，以上海临港新片区为代表的新一轮自贸试验区推动服务国家战略功能再升级。一方面深化和拓展了服务国家战略的范围，在深化服务"一带一路"倡议建设、京津冀协同发展、长江经济带发展等国家战略的同时，进一步向服务东北振兴、长三角区域一体化发展、海洋强国等国家战略拓展。另一方面创新了服务国家战略的方式。比如，河北自贸试验区大兴国际机场片区，跨越河北和北京两地，这是首次跨省（直辖市）设立自贸试验区，在推动区域协同发展上是一项重大创新，可以更好地服务京津冀协同发展战略。②

---

① 国务院印发新设六个自由贸易试验区总体方案［J］. 中国外资，2019（17）：8.

② 崔卫杰. 中国自由贸易试验区开放引领功能再升级［N］. 中国经济时报，2019-09-02（005）.

（二）打造珠江—西江经济带

2013年，广东和广西壮族自治区设立粤桂合作特别试验区，形成了东西部互利合作的基础。2014年，国家发展和改革委员会正式印发《珠江—西江经济带发展规划》，明确珠江—西江经济带横贯广东、广西壮族自治区，上联云南、贵州，下通中国香港和澳门，规划范围包括广东省的广州、佛山、肇庆、云浮4市和广西壮族自治区的南宁、柳州、梧州、贵港、百色、来宾、崇左7市，并根据流域特点，将广西壮族自治区桂林、玉林、贺州、河池等市以及西江上游贵州黔东南、黔南、黔西南、安顺，云南文山、曲靖的沿江部分地区作为规划延伸区。《珠江—西江经济带发展规划》实际上是要将广西壮族自治区和广东连接起来，并一起融入云南和贵州两个内陆省份，通过资源互补和激发活力的方式，将珠江—西江经济带打造成"西南中南开放发展战略支撑带""东西部合作发展示范区""流域生态文明建设试验区""海上丝绸之路桥头堡"。①

（三）打造粤港澳大湾区

中国香港和澳门分别于1997年7月和1999年12月回归祖国，成为香港特别行政区和澳门特别行政区，除国防和外交事务外，享有高度自治。

国家"十二五"规划明确"深化内地与港澳经济合作"，提出"支持建设以香港金融体系为龙头、珠江三角洲城市金融资源和服务为支撑的金融合作区域"。

2003年6月，《内地与香港关于建立更紧密经贸关系的安排》签署。此后，对这一协定进行了数次补充，到2013年8月的《〈内地与香港关于建立更紧密经贸关系的安排〉补充协定十》，在这一安排下共有403项服务贸易开放措施。与澳门的合作则基于2003年10月的《内地与澳门关于建立更紧密经贸关系的安排》，2013年也补充到《〈内地与澳门关于建立更紧密经贸关系的安排〉补充协定十》。签署CEPA（指以上两项安排）是中国经济一体化战略的重要环节，更是区域经济实质性合作的关键步骤。2014年12月，

---

①　周立群，王静，秦静，等．中国区域经济新版图［M］．南京：江苏人民出版社，2017．

CEPA对内地在广东与中国香港和澳门基本实现服务贸易自由化协议签署。基于此，内地、中国香港、中国澳门之间的经贸合作更为紧密。①

由于广东在地理位置上与中国香港和澳门邻近并较早与中国香港和澳门进行经济合作，2015年4月，打造粤港澳大湾区被正式写进国家《推动共建丝绸之路经济带和21世纪海上丝绸之路的愿景与行动》之中，粤港澳合作从区域战略上升为国家战略。其中要求"充分发挥深圳前海、广州南沙、珠海横琴、福建平潭等开放合作区作用"，深化广东与中国香港、中国澳门、中国台湾的合作，打造世界级城市群——粤港澳大湾区。2017年7月1日，《深化粤港澳合作　推进大湾区建设框架协议》在香港签署。②

（四）推动长三角一体化发展

2014年5月，国务院批准实施《长江三角洲地区区域规划》③，习近平同志强调"努力促进长三角地区率先发展、一体化发展"。

2018年11月5日，习近平同志宣布，"支持长江三角洲区域一体化发展并上升为国家战略"④。

---

① 周立群，王静，秦静，等.中国区域经济新版图［M］.南京：江苏人民出版社，2017.

② 2018年3月7日，习近平同志在参加广东代表团审议时指出，要抓住建设粤港澳大湾区重大机遇，携手香港、澳门加快推进相关工作，打造国际一流湾区和世界级城市群。2018年11月，中共中央、国务院明确要求以中国香港、澳门、广州、深圳为中心引领粤港澳大湾区建设，带动珠江—西江经济带创新绿色发展。2019年1月11日，国务院港澳事务办公室主任张晓明表示，粤港澳大湾区的战略定位有五个：一是充满活力的世界级城市群；二是具有全球影响力的国际科技创新中心；三是"一带一路"倡议建设的重要支撑；四是内地与香港、澳门深度合作示范区；五是宜居宜业宜游的优质生活圈。

③ 2014年5月24日，国务院正式批准实施《长江三角洲地区区域规划》，旨在贯彻落实《国务院关于进一步推进长江三角洲地区改革开放和经济社会发展的指导意见》，进一步提升长江三角洲整体实力和国际竞争力。

④ 2018年11月5日，习近平同志在首届中国国际进口博览会开幕式上正式宣布，支持长江三角洲区域一体化发展并上升为国家战略，赋予长三角一体化更重要的历史使命、更深刻的战略内涵和更广阔的实践舞台。"我们要全力以赴推进长三角一体化国家战略落地落实，三省一市共同努力，把长三角建设成为全国贯彻新发展理念的引领示范区，成为全球资源配置的亚太门户，成为具有全球竞争力的世界级城市群。在上海、江苏、浙江三省交界区域建设长三角一体化发展示范区，就是要深入践行新发展理念，率先探索区域一体化制度创新，率先探索高质量发展体制机制，推动全面深化改革举措的集中落实、率先突破、系统集成，努力打造改革开放新高地、生态价值新高地、创新经济新高地、人居品质新高地。"这是引领全国高质量发展、完善我国改革开放空间布局、打造我国发展强劲活跃增长极的重大战略举措。

2019 年 5 月，习近平同志指出，长三角一体化发展要紧扣"一体化"和"高质量"两个关键，紧紧围绕新发展理念，形成最具带动力的强劲活跃的区域集群。①

2019 年 10 月至 12 月，国务院和国家发展和改革委员会先后发布、印发关于长三角一体化发展的批复意见、总体方案和规划纲要，深入推动长三角地区提高经济集聚度和区域协同效率，引领全国高质量发展。②

六、推动京津冀协同发展

京津冀地区地处渤海湾，包括北京市、天津市以及河北省的十一个地级市③，约占全国总面积的 2%，全国总人口的 8%。

京津冀地区基础雄厚，工业、科技、教育发达，是中国参与国际竞争的重要依托，拥有十分突出的战略地位。2015 年，北京地区生产总值为 22968.6 亿元，天津为 16538.19 亿元，河北省为 29806.1 亿元，京津冀地区生产总值达到 69312.89 亿元，占国内生产总值的 10.24%，京津冀全社会固定资产投资额 50505.06 亿元，占全国固定资产总额的 9%。④

（一）京津冀协同发展战略的提出和实施

从 1986 年环渤海区域合作概念提出伊始，京津冀区域合作概念也随之形成。自 2013 年起，京津冀协同发展驶入"快车道"。2013 年 5 月和 8 月，习近平同志先后在天津和北戴河提出要实现协同发展。⑤ 此后，习近平同志

---

① 2019 年 5 月 13 日，中共中央总书记习近平主持召开中共中央政治局会议，会议审议了《长江三角洲区域一体化发展规划纲要》。

② 2019 年 10 月 29 日，国务院发布关于《长三角生态绿色一体化发展示范区总体方案》的批复。2019 年 11 月 2 日至 3 日，习近平同志在上海考察时强调"扎实推进长三角一体化发展"。2019 年 11 月 19 日，国家发展和改革委员会印发《长三角生态绿色一体化发展示范区总体方案》。2019 年 12 月 1 日，中共中央、国务院印发《长江三角洲区域一体化发展规划纲要》。推动长三角一体化发展，增强长三角地区创新能力和竞争能力，提高经济集聚度、区域连接性和政策协同效率，对引领全国高质量发展、建设现代化经济体系意义重大。

③ 即石家庄、唐山、秦皇岛、邯郸、邢台、保定、张家口、承德、沧州、廊坊和衡水市。

④ 周立群，王静，秦静，等．中国区域经济新版图 [M]．南京：江苏人民出版社，2017.

⑤ 2013 年 5 月，习近平同志在天津调研时提出要谱写新时期社会主义现代化的京津"双城记"。2013 年 8 月，习近平同志在北戴河主持研究河北发展问题时又提出要推动京津冀协同发展。

多次就京津冀协同发展作出重要指示，强调将解决好北京发展问题纳入京津冀和环渤海经济区的战略空间，以打通发展的大动脉，更有力地彰显北京优势，更广泛和高效地激活北京要素资源，同时天津、河北要实现更好发展也需要连同北京发展一起来考虑。

2014年，京津冀协同发展开始自上而下提速。2014年2月26日，习近平同志在京津冀协同发展工作会议上强调了实现京津冀协同创新发展是一项重大的国家战略，要优势互补、互利共赢和扎实推进，加快京津冀区域的协同发展，并就推进京津冀协同发展提出七点要求，其第一条就是要着力加强顶层设计。习近平同志强调，"京津冀协同发展意义重大，对这个问题的认识要上升到国家战略层面"，各地要打破自家"一亩三分地"的思维定式，抱成团朝着顶层设计的目标一起做。在全国两会上，李克强同志作了新一届政府首份工作报告，将"加强环渤海及京津冀地区经济协作"写入其中。2014年12月，全国经济工作会议提出重点实施京津冀协同发展战略，优化经济发展空间格局。

2015年4月30日，中央政治局会议审议通过了《京津冀协同发展规划纲要》。同年6月，京津冀三地发布首批区域协同地方标准。随后，北京、天津、河北均根据地方总体规划和任务分工方案，提出年度重点任务，并推进落实。京津冀三地在交通、人才、环保等领域的合作也迅速全面铺开。从区域合作到协同发展，京津冀区域合作已进入高速发展的新时期。

2015年，《京津冀协同发展规划纲要》的获批推动了北京、天津、河北的协同发展成为国家的重大发展战略。京津冀协同发展战略的核心是"有序疏解北京非首都功能，调整经济结构和空间结构，走出一条内涵集约发展的新路子"，探索出一种人口经济密集地区优化开发新模式，疏堵结合调控北京市人口规模。第一，要在京津冀交通基础设施一体化、产业升级与转移、生态环境保护等重点领域率先取得突破。第二，要大力促进创新驱动发展，增强资源能源保障能力，统筹社会事业发展，扩大对内对外开放。第三，要加快破除体制机制障碍，推动要素市场一体化，构建京津冀协同发展的体制机制，加快公共服务一体化改革。第四，要抓紧开展试点示范，打造若干先行先试平台。

2016 年，国家"十三五"规划提出："坚持优势互补、互利共赢、区域一体，调整优化经济结构和空间结构，探索人口经济密集地区优化开发新模式，建设以首都为核心的世界级城市群，辐射带动环渤海地区和北方腹地发展"①；具体从有序疏解北京非首都功能、构建一体化交通网络、优化空间布局和功能定位、扩大环境容量和生态空间以及促进公共服务共建共享等五个方面推动京津冀协同发展。国家"十三五"规划提出：构建"一核双城三轴四区多节点"的空间格局；优化产业布局，推进建设京津冀协同创新共同体；北京重点发展知识经济、服务经济、绿色经济，加快构建高精尖产业结构；天津优化发展先进制造业、战略性新兴产业和现代服务业，建设全国先进制造研发基地和金融创新运营示范区；河北积极承接北京非首都功能转移和京津科技成果转化，重点建设全国现代商贸物流重要基地、新型工业化基地和产业转型升级试验区。②

（二）建设雄安新区

2017 年 4 月 1 日，中共中央及国务院发布决定在河北省设立雄安新区，这是继 1980 年深圳经济特区及 1992 年上海浦东新区后又一巨作。这是中国第 19 个国家级新区，是北京非首都功能疏解集中承载地。

2018 年 4 月 21 日，《河北雄安新区规划纲要》全文印发。2019 年 1 月 2 日，国务院批复同意《河北雄安新区总体规划（2018—2035 年）》，并强调要紧扣雄安新区战略定位，有序承接北京非首都功能疏解，优化国土空间开发保护格局，打造优美自然生态环境，推进城乡融合发展，塑造新区风貌特色，打造宜居宜业环境，构建现代综合交通体系，建设绿色低碳之城，建设国际一流的创新型城市，创建数字智能之城，确保城市安全运行，加强规划组织实施，推动雄安新区高质量发展。2019 年 1 月 24 日，中共中央、国务院发布《关于支持河北雄安新区全面深化改革和扩大开放的指导意见》，全

---

①② 中共中央. 中华人民共和国国民经济和社会发展第十三个五年规划纲要 ［M］. 北京：人民出版社，2016.

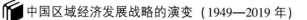

盘规划至 2035 年蓝图及 2050 年发展远景。

国家投入大量资源推动雄安新区建设，旨在疏解北京非首都功能，发展高端高新产业，打造社会主义现代化城市。这是我国实施区域协调发展战略的一项新政策。

七、推进长江经济带发展

长江经济带横跨我国东部、中部和西部三大区域①，面积约 205 万平方千米，人口数量和生产总值均超过全国的 40%，具有区位、资源等独特优势和巨大发展潜力。推进长江经济带发展，有利于促进中国经济由东部沿海地区向中西部内陆地区合理梯度推进，逐步缩小地区发展差距，实现区域经济全面协调发展。

2013 年 7 月 21 日，习近平同志指出，"长江流域要加强合作，发挥内河航运作用，把全流域打造成黄金水道"②。2013 年 9 月 21 日，李克强同志在国家发展和改革委员会呈报件上作出重要批示："沿海、沿江先行开发，再向内陆地区梯度推进，这是区域经济发展的重要规律。请有关方面抓紧落实，深入调研形成指导意见，依托长江这条横贯东西的黄金水道，带动中上游腹地发展，促进中西部地区有序承接沿海产业转移，打造中国经济新的支撑带。"③ 两天后，即 2013 年 9 月 23 日，《依托长江建设中国经济新支撑带指导意见》的研究起草工作由国家发展和改革委员会会同交通运输部正式启动。2013 年 12 月，国家发展和改革委员会正式确定长江经济带范围。

2014 年 3 月，"依托黄金水道，建设长江经济带"被正式写入政府工作报告。2014 年 4 月 25 日，习近平同志主持召开中共中央政治局会议，提出"推动京津冀协同发展和长江经济带发展"。三天后，即 2014 年 4 月 28 日，

---

① 长江经济带涵盖上海、江苏、浙江、安徽、江西、湖南、湖北、重庆、四川、贵州和云南共 9 省 2 市。

② 这是习近平同志在湖北考察时的讲话。

③ 中国国际经济交流中心. 中国经济分析与展望（2014—2015）[M]. 北京：社会科学文献出版社，2015.

李克强同志在重庆主持召开座谈会，研究讨论"依托黄金水道，建设长江经济带"的相关规划。2014 年 9 月 25 日，国务院发布指导意见，全面推进长江经济带发展，着力"提升长江三角洲城市群国际竞争力，培育发展长江中游城市群，促进渝蓉城市群一体化发展，推动黔中和滇中区域性城市群发展，优化沿江城镇化格局，科学引导沿江城市发展，强化城市群交通网络建设，创新城镇化发展体制机制"。① 2014 年 12 月，习近平同志对建设长江经济带作出重要指示。②

2016 年 1 月 5 日，习近平同志发表重要讲话③，为长江经济带的发展谋定了前进方向，擘画了蓝图愿景。"当前和今后相当长一个时期，要把修复长江生态环境摆在压倒性位置，共抓大保护，不搞大开发。"

2016 年 3 月，中共中央政治局召开会议，审议通过《长江经济带发展规划纲要》作为推动长江经济带发展的纲领性文件。国家"十三五"规划提出，"坚持生态优先、绿色发展的战略定位，把修复长江生态环境放在首要位置，推动长江上中下游协同发展、东中西部互动合作，建设成为我国生态文明建设的先行示范带、创新驱动带、协调发展带"④。

"十三五"规划提出从三大方面⑤推进长江经济带发展。提升长三角、长江中游、成渝三大城市群功能，发挥上海"四个中心"引领作用，发挥重庆战略支点和联接点的重要作用，构建中心城市带动、中小城市支撑的网络化、组团式格局。根据资源环境承载力，引导产业合理布局和有序转移，打造特色优势产业集群，培育壮大战略性新兴产业，建设集聚度高、竞争力

① 中国国际经济交流中心. 中国经济分析与展望（2014—2015）［M］. 北京：社会科学文献出版社，2015.

② 2014 年 12 月，习近平同志作出重要批示指出，建设长江经济带要坚持一盘棋思想，理顺体制机制，加强统筹协调，更好发挥长江黄金水道作用，为全国统筹发展提供新的支撑。

③ 这是习近平同志在重庆召开推动长江经济带发展座谈会时发表的重要讲话。

④ 中共中央. 中华人民共和国国民经济和社会发展第十三个五年规划纲要［M］. 北京：人民出版社，2016.

⑤ 即从建设沿江绿色生态廊道、构建高质量综合立体交通走廊、优化沿江城镇和产业布局三大方面。

强、绿色低碳的现代产业走廊。加快建设国际黄金旅游带。培育特色农业区。①

2016 年 9 月，长江经济带 "一轴、两翼、三极、多点" 的发展新格局正式确立。② 2018 年 4 月，习近平同志提出要正确把握五个关系来推动长江经济带发展。③ 2018 年，长江经济带断面水质优良比例达到 79.3%，长江经济带各省市开行中欧班列 4138 列，占全国开行总列数的 65%。

八、"一带一路" 倡议的提出和实施

2013 年 3 月 23 日，习近平同志在俄罗斯莫斯科国际关系学院发表演讲时说："我们所处的是一个风云变幻的时代，面对的是一个日新月异的世界。"④面对经济下行和各领域风险叠加的全球难题，我们要开展全方位的国际交流和合作，破解贸易摩擦和发展瓶颈。

2013 年 9 月 7 日，习近平同志首次提出加强政策沟通、道路联通、贸易畅通、货币流通、民心相通，共同建设 "丝绸之路经济带" 的倡议。⑤ 2013 年 10 月 3 日，习近平主席说："中国致力于加强同东盟国家的互联互通建设，愿同东盟国家发展好海洋合作伙伴关系，共同建设 21 世纪 '海上丝绸之路'。"⑥

---

① 中共中央. 中华人民共和国国民经济和社会发展第十三个五年规划纲要 [M]. 北京：人民出版社，2016.

② 2016 年 9 月，《长江经济带发展规划纲要》正式印发，确立了长江经济带 "一轴、两翼、三极、多点" 的发展新格局："一轴" 是以长江黄金水道为依托，发挥上海、武汉、重庆的核心作用，推动经济由沿海溯江而上梯度发展；"两翼" 是指沪瑞和沪蓉南北两大运输通道；"三极" 是指长江三角洲城市群、长江中游城市群和成渝城市群；"多点" 即发挥三大城市群以外地级城市的支撑作用。

③ 2018 年 4 月，在武汉召开深入推动长江经济带发展座谈会时，习近平同志明确提出了推动长江经济带发展需要正确把握的 "五个关系"：第一，正确把握整体推进和重点突破的关系，全面做好长江生态环境保护修复工作。第二，正确把握生态环境保护和经济发展的关系，探索协同推进生态优先和绿色发展新路子。第三，正确把握总体谋划和久久为功的关系，坚定不移将一张蓝图干到底。第四，正确把握破除旧动能和培育新动能的关系，推动长江经济带建设现代化经济体系。第五，正确把握自身发展和协同发展的关系，努力将长江经济带打造成为有机融合的高效经济体。

④⑥ 习近平. 论坚持推动构建人类命运共同体 [M]. 北京：中央文献出版社，2018.

⑤ 这是习近平同志在哈萨克斯坦发表重要演讲时首次提出来的。

2013 年 11 月 12 日，中共中央决定"构建开放型经济新体制"，放宽投资准入，加快自由贸易区建设，扩大内陆沿边开放。① "加快沿边开放步伐，允许沿边重点口岸、边境城市、经济合作区在人员往来、加工物流、旅游等方面实行特殊方式和政策。建立开发性金融机构，加快同周边国家和区域基础设施互联互通建设，推进丝绸之路经济带、海上丝绸之路建设，形成全方位开放新格局。"② 2013 年 12 月，广东、福建、海南、四川、云南、广西壮族自治区被纳入海上丝绸之路。③

2015 年 4 月，"一带一路"倡议建设进入全面推进阶段。④ 中央电视台新闻联播推出系列报道《一带一路共建繁荣》，在中央电视台发布的"一带一路"倡议版图当中，首次加入了"21 世纪海上丝绸之路"的南线——从南海到南太平洋的路线。这一路线与官方文件相一致，但此前媒体制作的相关图片中并未体现出来。2015 年 12 月，《亚洲基础设施投资银行协定》达到法定生效条件，亚洲基础设施投资银行正式宣告成立。

2016 年 3 月，国家"十三五"规划为推进"一带一路"建设作出顶层设计。⑤ 2016 年 4 月 29 日，习近平同志主持中共十八届中央政治局第三十一次集体学习时指出，"一带一路"建设，既要发挥政府把握方向、统筹协调作用，又要发挥市场作用，构建以市场为基础、企业为主体的区域经济合作机制。"一带一路"建设既要确立国家总体目标，也要发挥地方积极性。"地方的规划和目标要符合国家总体目标，服从大局和全局。要把主要精力放在提高对外开放水平、增强参与国际竞争能力、倒逼转变经济发展方式和

---

① 2013 年 11 月 12 日，中国共产党第十八届中央委员会第三次全体会议通过《中共中央关于全面深化改革若干重大问题的决定》。

② 中共中央文献研究室. 十八大以来重要文献选编（上）[M]. 北京：中央文献出版社，2014.

③ 2014 年，中共中央通过了《丝绸之路经济带和二十一世纪海上丝绸之路建设战略规划》。

④ 2015 年 4 月，国家发展和改革委员会、外交部和商务部联合发布了《推动共建丝绸之路经济带和 21 世纪海上丝绸之路的愿景与行动》宣告"一带一路"倡议进入了全面推进阶段。

⑤ 2016 年 3 月，《中华人民共和国国民经济和社会发展第十三个五年规划纲要》提出，健全"一带一路"合作机制，畅通"一带一路"经济走廊，共创开放包容的人文交流新局面，推进"一带一路"建设。

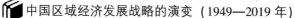

调整经济结构上来。要立足本地实际，找准位置，发挥优势，取得扎扎实实的成果，努力拓展改革发展新空间。"①

2016 年 8 月 17 日，习近平同志在推进"一带一路"建设工作座谈会上发表重要讲话，强调指出："要切实推进统筹协调，坚持陆海统筹，坚持内外统筹，加强政企统筹，鼓励国内企业到沿线国家投资经营，也欢迎沿线国家企业到我国投资兴业，加强'一带一路'建设同京津冀协同发展、长江经济带发展等国家战略的对接，同西部开发、东北振兴、中部崛起、东部率先发展、沿边开发开放的结合，带动形成全方位开放、东中西部联动发展的局面。"②

2017 年 5 月，我国成功主办"一带一路"国际合作高峰论坛，29 个国家的元首和政府首脑，140 多个国家、80 多个国际组织的 1600 多名代表出席，标志着共建"一带一路"倡议已经进入从理念到行动、从规划到实施的新阶段。习近平同志指出，共建"一带一路"倡议不是地缘政治工具，而是务实合作平台；不是对外援助计划，而是共商共建共享的联动发展倡议。③在各方努力下，首届"一带一路"高峰论坛的各项成果顺利落实。

2019 年，第二届"一带一路"国际合作高峰论坛顺利召开，第三份共建"一带一路"顶层设计文件出炉，从顶层设计到行业倡议，从国际合作到地方规划，一系列政策、方案、规划、意见出台，共建"一带一路"总体布局越来越明晰。④

近年来，共建"一带一路"倡议获得日益广泛的国际支持，"一带一路"的朋友圈不断扩大。⑤联合国大会的重要决议也纳入"一带一路"建设内容。

———————————

①② 习近平. 论坚持推动构建人类命运共同体 [M]. 北京：中央文献出版社，2018.

③ 习近平. 习近平金砖国家领导人厦门会晤重要讲话（汉英对照）[M]. 北京：外文出版社，2018.

④ 2019 年 11 月 10 日，《中共中央国务院关于推进贸易高质量发展的指导意见》发布，这一文件为继续推动"一带一路"高质量发展指明了方向。

⑤ 截至 2019 年 10 月底，中国已同 137 个国家和 30 个国际组织签署 197 份共建"一带一路"合作文件。

据华盛顿风险管理公司 RWR Advisory Group 评估，截至 2018 年中期，"一带一路"合作项目的落实率为 86%。① 国际经济与贸易领域资深专家李仲周说，"一带一路"倡议是复兴之路，是走向全球经济繁荣之路，是走向全球可持续发展之路。②

九、扶持特殊类型地区发展

2011 年 5 月 27 日，中共中央、国务院发布关于印发《中国农村扶贫开发纲要（2011—2020 年）》的通知，提出"到 2020 年，稳定实现扶贫对象不愁吃、不愁穿，保障其义务教育、基本医疗和住房"。"贫困地区农民人均纯收入增长幅度高于全国平均水平，基本公共服务主要领域指标接近全国平均水平，扭转发展差距扩大趋势。"③ 2015 年 10 月 16 日，习近平同志在北京举行的 2015 年减贫与发展高层论坛发表主旨演讲，指出中国为全世界减贫事业作出了巨大贡献。④

国家"十三五"规划提出，加大对革命老区、民族地区、边疆地区和困难地区的支持力度，实施边远贫困地区、边疆民族地区和革命老区人才支持计划，推动经济加快发展、人民生活明显改善。⑤

国家"十三五"规划提出，充分发挥政治优势和制度优势，贯彻精准扶贫、精准脱贫基本方略，创新扶贫工作机制和模式，采取超常规措施，加大

① 同期亚洲开发银行的项目落实率 64.9%，世界银行的项目落实率为 78.3%。据世界银行评估，"一带一路"国家占全球商品贸易的 40%。2013—2018 年，中国在"一带一路"沿线国家建设境外经贸合作区 82 个，为当地创造 24.4 万个就业岗位和 20 多亿美元税收。截至 2018 年底，中国对"一带一路"沿线国家直接投资超过 900 亿美元。2019 年前 8 个月，中国企业对"一带一路"沿线 53 个国家总投资额达 90 多亿美元。
② 李仲周. 共建"一带一路"，营造全球繁荣 [J]. 可持续发展经济导刊，2019（5）：63.
③ 中共中央文献研究室. 十七大以来重要文献选编（下）[M]. 北京：中央文献出版社，2013.
④ 习近平说："经过中国政府、社会各界、贫困地区广大干部群众共同努力以及国际社会积极帮助，中国六亿多人口摆脱贫困。2015 年，联合国千年发展目标在中国基本实现。中国是全球最早实现千年发展目标中减贫目标的发展中国家，为全球减贫事业作出了重大贡献。"
⑤ 中共中央. 中华人民共和国国民经济和社会发展第十三个五年规划纲要 [M]. 北京：人民出版社，2016.

扶贫攻坚力度，坚决打赢脱贫攻坚战。①

脱贫攻坚是我国全面建成小康社会的底线任务和标志性指标。党的十八大以来，我国以前所未有的决心和力度推进精准扶贫工作，调动全社会力量共同参与脱贫攻坚战。要求各地坚持目标标准，保持攻坚态势，实行挂牌督战，全面完成扶贫任务，坚决打赢扶贫攻坚这场硬仗。

紧紧围绕贫困人口"两不愁三保障"的总体要求，紧盯重点难点，分片包干抓落实；关注重点人群，严防因病致贫返贫；在资金分配、项目安排等方面对贫困县进行重点倾斜和支持；加大政策保障，突出优先、聚焦精准、分类指导、多渠道促进就业扶贫工作；不断创新心理、精神扶贫模式，帮助村民养成文明奋斗习惯；不断创新扶贫方式，通过央企定点扶贫、产业扶贫、电商扶贫、消费扶贫等多种方式，进一步提高扶贫水平。

在592个国家扶贫开发工作重点县中，中央企业定点帮扶了246个贫困县。据统计，截至2019年底已有107个定点扶贫县宣布"摘帽"，111个定点扶贫县预计"摘帽"。截至2020年3月5日，在这111个县中，又有35个县正式宣布"摘帽"，中央企业定点扶贫县中已有142个县实现脱贫"摘帽"。②

近年来，我国采取电商销售、合作社参与、农户受益的"电商+合作社+集体经济"扶贫模式破解电商扶贫就业难题，构建完善"互联网+"现代商贸模式，创新"电商+贫困户+农产品""电商+合作社+集体经济""电商+就业岗位+贫困户"等模式。这三种模式的实施，加速了电子商务与脱贫攻坚的深度融合。

2017年5月以来，中国科学院心理研究所的青年科研人员在内蒙古自治区库伦旗深入贫困家庭和幼儿园了解情况，与库伦旗人民政府、库伦旗妇联、库伦旗教育科技体育局工作人员沟通交流，在库伦旗开创了心理扶贫的

---

① 中共中央．中华人民共和国国民经济和社会发展第十三个五年规划纲要［M］．北京：人民出版社，2016．

② 刘静．精准扶贫再下一城！35个央企定点扶贫县宣布"摘帽"［N］．工人日报，2020-03-06（001）．

新实践。"扶贫先扶智"，旨在"阻断贫困代际传递"的"启睿计划"正在库伦旗这片土地上生根发芽。这是我国心理精准扶贫的前沿探索，具有重要示范作用。①

针对集"老、少、边、山、库"于一体的脱贫攻坚主战场，采取易地扶贫搬迁。2019 年 12 月 23 日，贵州宣布全面完成"十三五"时期易地扶贫搬迁任务，全省累计实施搬迁 188 万人，其中建档立卡贫困人口 154.33 万人，同步搬迁人口 33.67 万人，整体搬迁自然村寨 10090 个。② 截至 2019 年 12 月底，广西壮族自治区易地扶贫搬迁交出亮眼成绩单，安置住房全部建设完成，精准核实搬迁对象 16.3783 万户、71.0065 万人。其中，503 个集中安置点安置贫困户 15.4781 万户，分散安置 9002 户，搬迁入住率 100%。③

2012—2019 年，贫困人口从 9899 万人减到 551 万人，贫困发生率由 10.2% 降至 0.6%。2013—2019 年，贫困地区农民人均可支配收入年均增速高出全国农村平均水平 2.2 个百分点，脱贫质量明显提高，为进一步发展打下牢固基础。从减贫数量上看，中国是世界上减贫人口最多的国家。改革开放 40 年，中国共减少贫困人口 8.5 亿多人，对全球减贫贡献率超 70%，创造了世界减贫史上的"中国奇迹"。④

2021 年 2 月 25 日，习近平同志在全国脱贫攻坚总结大会上庄严宣告，我国脱贫攻坚战取得了全面胜利，区域性整体贫困得到解决。⑤

---

① 吴婷. 率先行动故事汇：心理扶贫率先行　青年党员做先锋 [Z]. 中科院心理所，2020-04-01.

② 程焕. 贵州全面完成"十三五"易地扶贫搬迁任务 [N]. 人民日报，2019-12-24（004）.

③ 沈泉池. 广西易地扶贫搬迁：让群众搬得出、稳得住、能致富 [EB/OL]. (2020-03-27) [2021-03-03]. http://www.laibintv.cn/article248541.html.《"十三五"易地扶贫搬迁建设任务基本完成》，载 2020 年 3 月 7 日《光明日报》第 001 版：国家发展改革委发布的最新消息显示，截至 2020 年 3 月 6 日，"十三五"规划的易地扶贫搬迁建设任务已基本完成，930 万贫困人口乔迁新居，走出大山和自然条件恶劣的地方，920 万人通过搬迁实现脱贫，各地工作重心已从工程建设全面转向搬迁群众后续扶持。

④ 许莘琪. 中国脱贫攻坚的世界性意义 [N]. 经济日报，2020-04-15（011）；刘永富. 有条件有能力如期完成脱贫攻坚目标任务 [N]. 人民日报，2020-03-16（009）.

⑤ 习近平. 在全国脱贫攻坚总结表彰大会上的讲话（2021 年 2 月 25 日）[N]. 人民日报，2021-02-26（002）.

十、拓展蓝色经济空间

海洋是我们赖以生存的"第二疆土"和"蓝色粮仓"。① 海洋经济总量持续快速增长。海洋经济已经成为拉动国民经济发展的有力引擎。② 海洋经济发展前途无量。

党的十八大作出了建设海洋强国的重大部署。③ 习近平同志说，海洋是高质量发展战略要地，我们要积极发展"蓝色伙伴关系"，做"蓝色经济"的先锋，让浩瀚海洋造福子孙后代。④

国家"十三五"规划提出，坚持陆海统筹，发展海洋经济，科学开发海洋资源，保护海洋生态环境，维护海洋权益，建设海洋强国。"十三五"规划提出从以下五个方面壮大海洋经济：第一，优化海洋产业结构，发展远洋渔业，推动海水淡化规模化应用，扶持海洋生物医药、海洋装备制造等产业发展，加快发展海洋服务业。第二，发展海洋科学技术，重点在深水、绿色、安全的海洋高技术领域取得突破。第三，推进智慧海洋工程建设。第四，创新海域海岛资源市场化配置方式。第五，深入推进山东、浙江、广东、福建、天津等全国海洋经济发展试点区建设，支持海南利用南海资源优势发展特色海洋经济，建设青岛蓝谷等海洋经济发展示范区。⑤

在习近平同志的亲自推动下，我国海洋经济正在经历从高速发展到高质

① 中国，是一个海洋大国，海洋面积相当于陆地面积的1/3，1.8万千米的海岸线上，点缀着数十个港口城市。

② "十一五"期间，我国海洋经济年均增长13.5%，持续高于同期国民经济增速。2010年，海洋生产总值近4万亿元，比"十五"期末翻了一番多，海洋生产总值占国内生产总值和沿海地区生产总值比重分别为9.9%和16.1%，较"十五"期末分别提高了0.3个和0.8个百分点，涉海就业人员3350万人。

③ 2012年9月，国务院印发《全国海洋经济发展"十二五"规划》。2013年，习近平同志提出要进一步关心海洋、认识海洋、经略海洋。

④ 习近平. 跨越时空的友谊面向未来的伙伴［N］. 人民日报，2018-12-04（001）.

⑤ 中共中央. 中华人民共和国国民经济和社会发展第十三个五年规划纲要［M］. 北京：人民出版社，2016.

量发展的转变。① 海洋经济实现跨越式发展，科技创新已成为海洋经济发展的有效支撑，"智慧海洋"未来可期。②

必须指出的是，在上述九大战略③不断深入推进的同时，2019 年，黄河流域生态保护和高质量发展同京津冀协同发展、长江经济带发展等并列为重大国家战略。④

十一、我国区域经济协调发展取得更大成效

2012—2019 年，随着上述各大战略的逐步实施和深入推进⑤，我国区域经济协调发展取得明显进展。

第一，我国经济持续较快发展，发展质量稳步提升。

从 GDP 增长速度来看，我国经济实现持续较快发展。2012—2015 年，中国 GDP 增长速度分别达到 7.9%、7.8%、7.3%、6.9%。2016 年是我国供给侧结构性改革元年，GDP 增长 6.7%。2017—2019 年，我国 GDP 较上年分

---

① 中央广电总台央视新闻. 习近平的海洋情怀［EB/OL］.（2018-06-05）［2021-03-03］，ht-tp：//news. cnr. cn/native/gd/20180605/t20180605. 524258630. shtml.

② 陈静. 海洋经济实现跨越式发展［N］. 经济日报，2019-10-21（007）. 从产业结构来看，服务业在海洋经济发展中的引擎作用持续增强。2018 年，我国海洋第三产业增加值占海洋生产总值比重从 2011 年的 47.2% 提高到 58.6%，产业结构不断优化。从海洋经济的质量来看，随着市场新活力不断激发，涉海企业经营效率、盈利能力较快提升，增幅进一步扩大，海洋经济生产效率持续平稳提高，2018 年海洋劳动生产率是 2011 年的 1.7 倍。

③ 这九大战略指的是西部大开发、东北振兴、中部崛起、东部率先发展（含粤港澳大湾区建设和长三角一体化发展等重大国家战略）、京津冀协同发展、长江经济带发展、"一带一路"建设、扶持特殊类型地区发展、拓展蓝色经济空间。

④ 2019 年 9 月 18 日，习近平同志在河南郑州主持召开黄河流域生态保护和高质量发展座谈会，并发表重要讲话。习近平同志鲜明提出："保护黄河是事关中华民族伟大复兴和永续发展的千秋大计。"由此，黄河流域生态保护和高质量发展同京津冀协同发展、长江经济带发展、粤港澳大湾区建设、长三角一体化发展并列为重大国家战略。2020 年 5 月 22 日至 26 日，全国"两会"胜利召开，"编制黄河流域生态保护和高质量发展规划纲要"写入了政府工作报告。

⑤ 2012—2019 年，西部开发、东北振兴、中部崛起、东部率先发展统筹推进。京津冀协同发展有力有序推进，北京大兴国际机场建成投运，雄安新区转入开工建设阶段。长三角生态绿色一体化发展示范区启动建设。粤港澳大湾区建设规划政策体系进一步完善。长江经济带生态环境保护修复成效显著，干线港口铁水联运设施联通项目全面开工。黄河流域生态保护和高质量发展规划纲要启动编制。城乡融合发展体制机制和政策体系不断完善，农业转移人口市民化质量稳步提高，常住人口城镇化率突破 60%，特色小镇和特色小城镇规范发展。

别增长 6.8%、6.7%①、6.1%。

从我国在世界上的排名来看，2012—2019 年，中国经济总量稳居世界第二位。2012 年，中国制造业总产值从世界第二位上升至世界第一位。2013 年，中国货物进出口总额从世界第二位上升至第一位。②2014 年，中国吸引的外商直接投资首次超过美国，上升到世界第一位，中国对外直接投资也上升至美国、日本之后，成为世界第三，并已接近外商直接投资额。③2019 年我国国内生产总值占世界经济的比重超过 16%，超过分列世界第三到第五位的日本、德国和英国的总和，与世界第一美国的差距逐步缩小。

在经济结构上，我国产业结构持续优化升级，无论是从增加值比重看，还是从对经济增长的贡献率看，第三产业占比都已超过半壁江山。产业加速向中高端迈进，高技术制造业增加值占规模以上工业增加值的比重不断提高。

"十二五"时期（2011—2015 年），我国成为"全球第一货物贸易大国和主要对外投资大国"，人民币纳入国际货币基金组织特别提款权货币篮子，人均国内生产总值增至 49351 元（折合 7924 美元），贫困人口大幅减少。④"十二五"时期，消费支出对于 GDP 的贡献率超过 50%，明显高于"十一五"时期的平均值43.4%，消费拉动经济增长的效应初显，总体超过投资的拉动效应。⑤

在微观基础上，我国企业活力、竞争力不断提高，在《财富》世界 500 强排行榜中排名不断提升，目前入榜数量已经与美国旗鼓相当。

在制造能力上，我国工业增加值已超过 30 万亿元，220 多种工业产品的产量居全球第一，制造业增加值占世界的比重接近 30%，是名副其实的"世界工厂"。

---

① 国家统计局. 地区生产总值指数 ［DB/OL］. (2020 - 12 - 30) ［2021 - 03 - 03］. http：//data. stats. gov. cn/easyquery. htm? cn=E0103.

②③⑤ 胡鞍钢，鄢一龙，周绍杰，等. 中国："十三五"大战略 ［M］. 杭州：浙江人民出版社，2015.

④ 中共中央. 中华人民共和国国民经济和社会发展第十三个五年规划纲要 ［M］. 北京：人民出版社，2016. "十二五"时期，我国第三产业增加值占国内生产总值比重超过第二产业，常住人口城镇化率达到 56.1%.

在基础设施上，我国已经形成比较完备的现代基础设施网络。截至 2019年底，我国高铁运营里程突破 3.5 万千米，约占世界高铁运营总里程的七成，高速公路总里程居世界第一。

在发展形态上，我国经济呈现出形态更高级、分工更复杂、结构更合理、制度更成熟、治理更有效、活力更旺盛的特点，高质量发展阶段的特征愈益明显。2013 年各地区国民经济和社会发展主要指标如表 5-8 所示。

表 5-8　2013 年各地区国民经济和社会发展主要指标

指标	东部 10 省（市）		中部 6 省		西部 12 省（区、市）		东北 3 省	
	合计	占全国比重（%）	合计	占全国比重（%）	合计	占全国比重（%）	合计	占全国比重（%）
地区生产总值	322258.9 亿元	51.2	127305.6 亿元	20.2	126002.8 亿元	20.0	54442.0 亿元	8.6
第一产业总值	19893.6 亿元	34.9	15014.8 亿元	26.4	15700.8 亿元	27.6	6347.8 亿元	11.1
第二产业总值	150996.1 亿元	49.2	66363.3 亿元	21.6	62356.5 亿元	20.3	27045.9 亿元	8.8
第三产业总值	151369.2 亿元	56.8	45927.6 亿元	17.2	47945.4 亿元	18.0	21048.4 亿元	7.9
人均地区生产总值	62405.0 元	—	35357.0 元	—	34491.0 元	—	49606.0 元	—
全社会固定资产投资总额	179097.6 亿元	40.6	105740.2 亿元	24.0	109260.9 亿元	24.8	46540.0 亿元	10.6
进出口总额	34826.9 亿美元	83.7	2195.7 亿美元	5.3	2775.5 亿美元	6.7	1791.9 亿美元	4.3
出口额	18055.3 亿美元	81.7	1380.6 亿美元	6.2	1779.3 亿美元	8.1	874.9 亿美元	4.0
进口额	16771.6 亿美元	86.0	815.1 亿美元	4.2	996.2 亿美元	5.1	917.0 亿美元	4.7
社会消费品零售总额	124453.1 亿元	52.3	48588.9 亿元	20.4	42508.6 亿元	17.9	22259.0 亿元	9.4

续表

指标	东部 10 省（市）		中部 6 省		西部 12 省（区、市）		东北 3 省	
	合计	占全国比重（%）	合计	占全国比重（%）	合计	占全国比重（%）	合计	占全国比重（%）
城镇居民可支配收入	32472.0 元	—	22736.0 元	—	22710.0 元	—	22875.0 元	—
农村居民人均纯收入	12052.0 元	—	8377.0 元	—	6834.0 元	—	9909.0 元	—

注：表中涉及分地区数据相加不等于全国总计的指标，在计算比重时，分母为 31 个省区市（不包括香港、澳门、台湾数据）相加的合计数。

资料来源：国家统计局国民经济综合统计司. 中国区域经济统计年鉴——2014 [M]. 北京：中国统计出版社，2015.

第二，区域经济整体平稳，区域经济板块间的差距开始缩小。

现阶段，区域经济整体平稳，区域经济板块间的差距开始缩小。从四大板块来看，东部平稳增长，中部崛起明显，西部经济扩张速度快，东北经济遭遇"寒冬"后回暖。从三大地带来看，京津冀一体化水平显著提高，长江经济带进一步加强经济联系，"一带一路"倡议主要省份的经济增长基本稳定。

从表 5-8 可见，2013 年，东部 10 省市在经济总量、经济结构、进出口总额、全社会固定资产投资总额、社会消费品零售总额、居民收入等各方面都继续保持领先优势。

从四大板块的地区生产总值增长情况来看，如表 5-9 所示，2013—2018年，东部地区 GDP 数额最大，中部地区 GDP 增长最快，其年均增速达到8.58%，高于东部地区的 8.42%，西部地区 GDP 的增长速度低于中部地区和东部地区，年均增速为 8.35%，东北地区 GDP 的增长速度在 2014 年和 2015年显著下滑，分别较上年下降 3.2% 和 4.6%，2016 年出现相当明显的负增长，2017—2018 年逐渐恢复增长势头。可见，东部地区与其他三大板块之间的经济发展差距在不断扩大，经济总量占比"南升北降"、经济增长"南快北慢"的特征相当明显。2018 年，北方地区经济总量占全国的比重为

38.5%，比 2012 年下降 4.3 个百分点。①

表 5-9　2013—2018 年各地区生产总值增长情况比较

地区	2013 年		2014 年		2015 年		2016 年		2017 年		2018 年	
	数额（万亿元）	增速（%）	数额（万亿元）	增速（%）	数额（万亿元）	增速（%）	数额（万亿元）	增速（%）	数额（万亿元）	增速（%）	数额（万亿元）	增速（%）
东部	32.48	9.80	35.01	7.80	37.30	6.50	41.02	9.80	44.78	9.20	48.10	7.40
中部	12.79	10.00	13.87	8.40	14.72	6.10	16.06	7.90	17.65	9.90	19.27	9.18
西部	12.70	11.50	13.81	8.70	14.50	5.00	15.68	8.10	16.86	7.50	18.43	9.30
东北	5.47	8.30	5.75	5.10	5.78	0.50	5.24	-10.30	5.43	3.60	5.68	4.60
全国	59.30	7.80	64.13	7.30	68.60	6.90	74.01	6.70	82.08	6.80	90.03	6.60

注：表中全国 GDP 增速的数据来源于国家统计局网站；东部、中部、西部和东北地区的增速为较上年增长幅度。

资料来源：根据国家统计局网站相关数据整理。

　　从四大板块的固定资产投资情况来看，如表 5-10 所示，2013—2017 年，东部地区的投资增速逐年下降，中部地区和西部地区的固定资产投资增速相对较快，其年均增速分别达到 14.04% 和 13.94%，均高于东部地区的 12.18%，东北地区固定资产投资从 2014 年开始出现负增长。这说明固定资产投资的多少与地区经济增长的快慢是正相关的关系。

表 5-10　2013—2017 年各地区固定资产投资情况比较

地区	2013 年		2014 年		2015 年		2016 年		2017 年	
	总额（万亿元）	较上年增长（%）	总额（万亿元）	较上年增长（%）	总额（万亿元）	较上年增长（%）	总额（万亿元）	较上年增长（%）	总额（万亿元）	较上年增长（%）
东部	17.910	17.900	20.640	15.200	23.210	12.500	25.290	9.000	26.890	6.300
中部	10.570	21.900	12.430	17.600	14.310	15.100	15.970	11.600	16.610	4.000
西部	10.930	22.800	12.920	18.200	14.040	8.700	15.720	12.000	16.970	8.000

---

　　① 习近平.推动形成优势互补高质量发展的区域经济布局 [J].实践（思想理论版），2020（1）：4-7.

续表

地区	2013 年		2014 年		2015 年		2016 年		2017 年	
	总额（万亿元）	较上年增长（%）	总额（万亿元）	较上年增长（%）	总额（万亿元）	较上年增长（%）	总额（万亿元）	较上年增长（%）	总额（万亿元）	较上年增长（%）
东北	4.650	13.400	4.590	-1.300	4.080	-11.100	3.126	-23.300	3.125	-0.030
全国	44.630	21.100	51.200	14.700	56.200	9.800	60.650	7.900	64.120	5.700

资料来源：根据国家统计局网站相关数据整理。

从四大板块的社会消费品零售规模来看，如表 5-11 所示，东部地区消费品零售规模最大，中部地区增速最快，西部地区发展潜力巨大，其增速仅次于中部地区，东北地区增速有所下滑。就当前情况来看，我国的消费重心仍然位于沿海地区，但中西部的发展势头良好，内陆市场的开拓升级将进一步重塑我国经济地理格局。

表 5-11　2013—2018 年各地区社会消费品零售规模比较

地区	2013 年		2014 年		2015 年		2016 年		2017 年		2018 年	
	总额（万亿元）	较上年增长（%）	总额（万亿元）	较上年增长（%）	总额（万亿元）	较上年增长（%）	总额（万亿元）	较上年增长（%）	总额（万亿元）	较上年增长（%）	总额（万亿元）	较上年增长（%）
东部	12.64	12.60	14.10	11.60	15.55	10.30	17.11	10.00	18.76	9.60	19.40	3.40
中部	4.99	14.20	5.62	12.60	6.26	11.40	6.98	11.50	7.75	11.00	8.16	5.30
西部	4.44	14.10	4.99	12.40	5.51	10.40	6.15	11.60	6.81	10.70	7.06	3.70
东北	2.23	13.80	2.50	12.10	2.71	8.40	2.91	7.40	3.08	5.80	3.10	0.70
全国	24.28	13.20	27.19	12.00	30.09	10.70	33.23	10.40	36.63	10.20	38.10	4.00

资料来源：根据国家统计局网站相关数据整理。

2017—2018 年，我国各地区外贸进出口形势有所好转，这与 2015 年全面下降的情况正好相反。就四大板块而言，如表 5-12 所示，东部地区外贸进出口总额最大，增速基本稳定。中部地区 2017 年增长较大，2018 年增速放缓。2018 年，西部地区和东北地区的增速较快。这说明，"一带一路"倡议大大提升了西部地区对外开放水平，西部地区的外贸进出口呈现快速扩张趋势。东北地区经济外向度逐步提升，这与东北地区同东部沿海省市的对口帮扶也有一定关系。

表 5-12　2013—2018 年各地区外贸进出口情况比较

地区	2013 年		2014 年		2015 年		2016 年		2017 年		2018 年	
	总额（万亿美元）	较上年增长（%）	总额（万亿美元）	较上年增长（%）	总额（万亿美元）	较上年增长（%）	总额（万亿美元）	较上年增长（%）	总额（万亿美元）	较上年增长（%）	总额（万亿美元）	较上年增长（%）
东部	3.4800	6.4000	3.5400	1.7000	3.2700	-7.6000	3.0700	-6.1000	3.3800	10.1000	3.7800	11.8000
中部	0.2200	15.8000	0.2470	12.3000	0.2540	2.8000	0.2400	-5.5000	0.2900	20.8000	0.3100	6.9000
西部	0.2800	16.7000	0.3300	17.9000	0.2900	-12.1000	0.2600	-10.3000	0.3100	19.2000	0.3700	19.4000
东北	0.1792	7.8000	0.1793	0.0600	0.1400	-21.9000	0.1200	-14.3000	0.1400	16.7000	0.1600	14.3000
全国	4.1600	7.5000	4.3000	3.4000	3.9500	-8.1000	3.6900	-6.6000	4.1200	11.7000	4.6200	12.1000

资料来源：根据国家统计局网站相关数据整理。

第三，城市群经济发展迅速，中心城市扩张明显。

自 2006 年开始，上海、北京、广州、深圳、天津、苏州、重庆、武汉、成都、杭州的地区生产总值分别突破万亿元，构成我国城市体系中主要的增长极。2016 年南京和青岛加入，2017 年无锡和长沙加入，2018 年宁波和郑州加入。至此，中国跻身"万亿俱乐部"的城市已有 16 个，包括上海、北京、广州、深圳、天津、苏州、重庆、武汉、成都、杭州、南京、青岛、无锡、长沙、宁波、郑州。① 东南沿海城市群发展势头迅速，中西部城市增速领先。西部内陆以国家中心城市发展为主，城市群成为我国经济发展的空间载体。

2019 年 6 月 24 日，《中国城市竞争力第 17 次报告》发布。报告显示：我国前 20 强城市中，从南北分布来看，有 18 个城市位于南方，北方城市只

---

① 这些城市主要分布在京津冀、长三角、珠三角、长江中游、长江上游（成渝）、中原城市群六大城市群之中。

有北京和天津，天津的排名从 2017 年的第 7 位下降至 2018 年的第 16 位，而南方城市南京、成都、杭州、厦门、苏州、常州、温州等在 2018 年的城市排名中均有上升；从东西分布来看，有 17 个位于东部沿海地区①，中部地区的武汉和长沙分别排名第 8 位和第 20 位，中部地区中心城市崛起势头正劲②，西部地区的成都排名从 2017 年的第 15 位上升至 2018 年的第 13 位；深圳、中国香港和上海蝉联前三甲。

中部地区综合经济竞争力排名整体缓慢提升，推动中国经济空间的"东中一体"趋势进一步凸显。中国区域经济学会副会长兼秘书长陈耀教授说："中部地区横跨长江、黄河、淮河三大最重要的河流，水陆空交通便利，资源丰富且组合条件好，农工业基础扎实，潜在市场巨大。另外，近年来中部地区科技水平进步较快，创新力量日益壮大，光纤科技、电子信息、新材料等都处于全国领先地位，发展潜力无限。"③

本章小结

区域协调发展的基本内涵是兼顾到各区域的利益，逐步缩小地区发展差距，实现各地区共同发展、共同繁荣的目标。一部分地区的经济发展是不能以牺牲其他地区的经济利益为代价实现的。如果一部分地区的加速发展是以牺牲其他地区的经济利益为代价实现的，区域经济发展就不能认为是协调的；反之，区域经济发展则表现为一种"帕累托改进"。所以，我们首先要继续大力推进区域间公共服务均等化，其次要在产业发展上体现各区域的比较优势，最后要在区域间关系上形成优势互补、良性互动的机制，不断推进

---

① 2018 年中国城市综合经济竞争力排名前 20 强依次是：深圳、香港、上海、广州、北京、苏州、南京、武汉、台北、东莞、无锡、佛山、成都、澳门、新北、天津、厦门、常州、杭州、长沙。

② 2017 年，中部六省（山西、安徽、江西、河南、湖北、湖南）总 GDP 约为 18 万亿元，超过全国总 GDP 的 20%。在 2018 年全国各省区市 GDP 增速排名中，中部六省有四个进入了前十。

③ 中国城市竞争力第 17 次报告：南方完胜，东方不败 [EB/OL]. [2019-06-24]. http://finance. sina. com. cn/roll/2019-06-24/doc-ihytcitk7379079. shtml.

区域协调发展。

当前，我国正面临胡焕庸线悖论，在以黑河—腾冲为界的东南部（占国土的36%）集聚了96%的人口和88%的地区生产总值，西北部（占国土的64%）集聚了4%的人口和12%的地区生产总值，出现经济地理格局的显著偏离。随着三大支撑带①的发展，中西部经济正在崛起，胡焕庸线的突破将成为可能。

---

① 2015年中国政府工作报告首次把"一带一路"、长江经济带和京津冀协同发展明确为"三个支撑带"。

第六章　中国区域经济发展战略的回顾与思考

　　中华人民共和国成立以来，区域经济发展战略实现了先从侧重拉动内陆工业的区域平衡发展到重视沿海地区发展的区域非均衡发展的转型，后从区域非均衡协调发展逐步向区域均衡协调发展的转型。① 区域经济实现中高速增长，长期困扰我国经济发展的结构不合理状况有了明显改观，区域经济格局实现历史性演变。②

第一节　中国区域经济发展战略的演变规律

一、区域经济发展战略日趋成熟，引领作用凸显

　　我国幅员辽阔，各地区资源禀赋和发展水平差异很大，统筹区域经济社会发展从来都是一个重大问题。

---

　　① 20世纪90年代后，以"均衡协调"为目标的区域经济发展战略启动，统筹推进东部率先发展、西部大开发、东北振兴和中部崛起，区域经济发展取得重要阶段性成就。在我国经济进入新常态背景下，党的十八大对我国的区域经济发展提出了更加精准的政策意见。2013年，习近平同志提出"一带一路"倡议，成为我国全面提升经济水平、构建新型国际关系和打造人类命运共同体的重要支撑，之后，进一步制定推进京津冀协同发展战略、长江经济带发展战略和黄河流域生态保护和高质量发展战略。在国家政策的有力支持下，我国区域协调发展取得了历史性的成就。

　　② 然而，区域发展不平衡不充分的问题尚未完全解决，区域协调发展仍面临挑战。在未来一段时间内，我国区域政策的重心仍是进一步促进区域协调发展，为经济高质量发展奠定坚实基础。

中华人民共和国成立后，为了拉动内陆工业发展，改变区域经济发展严重不平衡的历史旧貌，1950—1978 年有步骤、有重点地增加内陆建设资金，减少沿海投资，以缩小地区差距，实现区域平衡发展。1949—1978 年，中国各大区域的经济发展差距的确有所缩小，但资源配置效率低下，经济发展速度不理想。

实行改革开放后，为了尽快提升区域经济发展水平，我国从 1979 年至 1990 年采取优先发展条件较好的东部沿海地区的非均衡发展战略，从而加快了经济发展步伐，但同时也再次扩大了沿海地区与内陆地区之间的差距，给社会带来了一些不安定因素。

20 世纪 90 年代以后，中共中央适时地提出了区域经济非均衡协调发展战略，促进地区经济结构不断优化。20 世纪 90 年代，中国东部地区、中部地区和西部地区之间不仅在经济总量上形成了一种东部高于中部、中部又高于西部的梯度格局，在经济结构和对外开放程度上，也已经客观形成大部分东部地区都高于中部地区、大部分中部地区又高于西部地区的梯度格局。大量的资本和劳动力要素从中、西部地区向东部地区流动，使我国地区间经济差距不断拉大。

1999—2000 年西部大开发战略的提出和启动，意味着我国加大了区域经济协调发展的推进力度。①2004 年，旨在激励东北三省实现工业的可持续发展的“振兴东北”老工业基地战略正式启动。2005 年，中央经济工作会议针对中部发展不足的境况，提出“促进中部崛起”。② 2006 年，东部率先发展、西部大开发、振兴东北和促进中部崛起这一四大板块区域发展战略正式

---

① 从 2000 年开始，我国西部地区的基础设施建设、地区经济开发等都进入了快车道。2002年，党的十六大报告正式提出“支持东北地区等老工业基地加快调整和改造”。

② 2006 年出台《关于促进中部崛起的若干意见》，标志着中部崛起战略进入实施阶段，正式鼓励中部地区省份承接产业转移，发展现代制造业。至此，我国正式依照地理要素，将全国国土划分为四大板块，按照不同区域的要素禀赋、发展基础、功能分工和规划前景，提出了差别化的区域发展战略，以期用不同的有针对性的战略，帮助我国各个地区都能取得良好的经济发展成果，缩小区域间的发展差距。

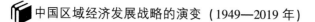

形成。① 经过一段时期的实践发现，要进一步推动更加有效的区域经济发展，还需要考虑更多的要素。

2007年，为进一步推进区域协调发展，党中央提出要加强生态文明建设。② 2010年，主体功能区战略的提出，更进一步地考虑了不同地区的发展条件，有助于明确区域的禀赋差异，实施对应的区域开发方式。2011年，主体功能区战略上升为国家战略，进一步加大了实现区域经济协调、可持续发展的决策和实施力度。③

2012年，在我国经济进入新常态背景下④，为了深入推进区域合作，培育形成新的增长极、增长带和城市群，国家开始逐步针对重点区域或特定区域制定发展战略。从这一时期开始，我国区域经济发展战略制定开始更加侧重于以经济联系为基础的区域发展。⑤

2017年，"实施区域协调发展"正式上升为国家战略。⑥ 党的十九大报告对我国区域经济发展作了总体部署⑦，提出坚定实施区域协调发展战略、创新驱动发展战略、乡村振兴战略⑧和可持续发展战略，坚持精准脱贫。在

---

① 区域经济发展总体战略的提出，奠定了我国促进区域协调发展的基础格局，成为指导各地实施区域经济发展政策的战略基础。

② 党的十七大报告将生态文明的理念加入了区域发展战略。之后依据国土功能，提出了主体功能区划分，在2010年提出了主体功能区战略，并于2011年正式发布了《全国主体功能区规划》，将主体功能区发展战略上升为国家战略。

③ 主体功能区发展战略是在国土空间差异化开发方面的重大创新，对我的生态文明建设和实现可持续发展都有重要的意义。

④ 党的十八大对我国的区域经济发展提出了更加精准的政策意见。

⑤ 陆续提出了"一带一路"倡议、京津冀协同发展战略、长江经济带发展战略、黄河流域生态保护和高质量发展战略等，推动形成东南西北纵横联动的区域经济发展新格局。

⑥ 这是根据我国社会主要矛盾的变化，立足于解决发展不平衡不充分问题，以全方位、系统化视角，提出今后一个时期实施区域协调发展战略的主要任务，着力提升各层面区域战略的联动性和全局性，增强区域发展的协同性和整体性。党的十九大报告正式将"实施区域协调发展"上升为国家战略。

⑦ 为落实党的十九大提出的区域协调发展战略，进一步推动区域协调发展的实现，各类促进区域协调发展的战略政策也相继出台，建立了更加完善的区域协调发展政策体系。

⑧ 为落实党的十九大提出的乡村振兴战略，2018年9月，中共中央、国务院正式印发了《乡村振兴战略规划（2018—2022年）》，为我国乡村地区振兴、促进城乡协调发展、实现全面小康社会确定了总方针。

扶贫开发方面，各类支持精准扶贫的战略规划陆续提出，包括扎实推进农村扶贫开发、打赢脱贫攻坚战、加强东西部扶贫协作等。① 2018 年，为进一步提高区域经济协调发展质量，中共中央、国务院发布意见②，对促进区域协调发展的各方面体制机制做出了更加明确的要求。③

二、区域经济格局逐步趋向优化，区域协调性有所增强

中华人民共和国从成立初期"一穷二白"到发展成为世界第二大经济体，成功实现历史性变革和跨越式发展。区域经济格局逐步趋向优化，区域发展协调性有所增强。④

（一）区域经济发展实现历史性飞跃

1978 年，中国 GDP 刚刚超过 3000 亿元，而 2019 年中国 GDP 接近 100 万亿元，稳居世界第二位。⑤ 从经济增长的速度来看，改革开放以来，我国经济经历了 30 多年年均近 10%的高速增长，创造了世界罕见的经济快速发展奇迹。2012—2019 年，我国经济步入新常态，年均增速为 7.1%。⑥ 从东部、中部、西部和东北地区的经济发展情况来看，东部地区的发展水平最高，中西部地区的发展态势强劲，东北地区的发展"可圈可点"。

2017 年，我国东部地区人均 GDP 接近高收入国家水平。⑦ 2018 年，东

---

① 2018 年 6 月，中共中央、国务院发布《关于打赢脱贫攻坚战三年行动的指导意见》，为争取脱贫、实现全面小康社会发起冲锋。

② 2018 年 11 月，中共中央、国务院发布《关于建立更加有效的区域协调发展新机制的意见》，进一步指出实施区域协调发展战略是新时代国家重大战略之一。

③ 可以预见，区域协调发展战略将继续成为我国未来区域发展的顶层战略，促进我国各个地区进一步取得良好的经济发展成果。

④ 我国东部沿海地区率先引领发展，中西部地区经济发展水平显著增强，东北地区经济逐步复苏。区域发展差距由缩小到扩大又演变为缩小，经济由快速震荡上升到高速发展阶段后步入高质量发展阶段，但区域分化态势加剧。

⑤ 中国在世界经济中的份额从 1978 年的 1.8%上升至 2017 年的 16%，仅次于美国。中国对世界经济增长的贡献率连续多年保持 30%左右，日益成为世界经济增长的主要动力源和稳定器。

⑥ 中国特色社会主义进入新时代，经济发展从高速增长转向高质量发展阶段。2019 年，国内生产总值比上年增长 6.1%，明显高于全球经济增速。

⑦ 2017 年，东部地区人均 GDP 约为 11530 美元，接近世界银行对高收入国家的定义标准。

部地区 GDP 达到 480995.6 亿元，较上年增长 7.4%。东部地区正大步踏入高质量发展阶段。①

2017 年中部地区 GDP 增加到 179412 亿元，按不变价格计算比 1978 年的 750 亿元增长了 46.0 倍。②2018 年，中部地区 GDP 达到 192657.8 亿元，较上年增长 9.18%。中部地区与东部沿海地区在基础设施和社会服务设施方面的差距进一步缩小，发展势头强劲。③

2017 年西部地区 GDP 增加到 170955 亿元，按不变价格计算比 1978 年的 726 亿元增长了 46.6 倍。④2018 年，西部地区 GDP 达到 184302.13 亿元，较上年增长 9.3%。在中国的区域经济发展格局中，西部地区的经济发展占据重要位置。西部地区面积占全国的 56%，人口占 23%，实施西部大开发是提升国家经济发展质量、平衡全国经济格局的必不可少的前提，且成效显著。⑤

2017 年东北地区 GDP 增加至 55431 亿元，按不变价格计算比 1978 年的 486 亿元增长了 28.2 倍。⑥2018 年，东北地区 GDP 达到 56751.5 亿元，较上年增长 4.6%。东北地区省份数量较少，地区生产总值尚未达到 10 万亿量级。东北老工业基地具有重要的战略地位，它是我国工业的发祥地，为我国工业经济发展做出过重要贡献。⑦

（二）区域发展协调性有所增强，但差距仍然较大

进入 21 世纪后，我国逐步实施区域协调发展战略。这种以"摆脱贫困，

---

① 东部地区率先发展，由高速发展阶段步入高质量发展阶段。1978 年，东部地区 GDP 仅为 1514 亿元，2017 年增加至 449681 亿元，按不变价格计算增长了 66.9 倍。2017 年，东部地区生产总值占全国的 52.6%，比 1978 年增长 9.0 个百分点。

②④⑥ 赵弘. 中国区域经济发展报告（2018—2019）［M］. 北京：社会科学文献出版社，2019.

③ 中部地区经济发展水平显著增强，可持续发展能力明显提升。2006 年以来，随着"促进中部地区崛起"战略政策的逐步推进落实，中部六省经济发展的支撑条件得到明显改善，发展势头增强。同时，中部地区由于具有要素成本较低、资源丰富等先天优势，积极承接东部沿海地区的产业转移，工业化及城镇化进程加快推进，对全国经济发展形成重要新支撑。

⑤ 西部地区经济总量连上新台阶。目前，西部地区的发展处于上升阶段，西部地区经济发展的活力已初步显现。

⑦ 改革开放以来，东部沿海地区经济实现快速增长，东北地区经济发展明显滞后。实施振兴东北战略以来，东北地区从体制创新和机制创新出发，大力发展现代农业，振兴装备制造业，加快国有企业改革重组，推进产业结构调整和升级。近年来，振兴东北老工业基地战略扎实推进，取得重要进展。东北地区体制改革和机制创新步伐加快，对外开放明显增强，经济持续复苏，呈现较好发展态势。

全面小康"为目标的战略在实现大尺度上的人均收入均衡方面具有显著效应。"十二五"期间,我国东、中、西、东北四大板块的人均 GDP 增速基本维持在 8%~10%,其中西部地区的人均增速达到 10.2%。①

"十三五"以来,我国动能转换与老工业基地转型迫在眉睫,因此东北的增速并不乐观,2016 年东北地区的辽宁省甚至出现了负增长（-2.5%）。2017 年东北增速恢复到 5.8%,与其他板块差距进一步缩小。2018 年东部和中部地区经济增速平稳,西部地区增速继续领跑。2017 年 GDP 增速排在前三位的西藏自治区、贵州、云南均位于西部地区。东北三省的经济增速依然靠后,GDP 增速倒数前五的省份中东北三省均在列。除辽宁 2018 年 GDP 增速有所回升外,吉林、黑龙江的 GDP 增速均较 2017 年有所回落。未来我国板块间差距将逐步缩小②,海陆位置划分的空间板块将让位于南北地带。③

按秦岭—淮河分界,我国南北经济差距正在逐步扩大,且经济重心南移的趋势明显。2017 年中国南方地区 GDP 占比达到 60% 以上。④ 这充分说明我国三大支撑带在协调东部、中部、西部过程中发挥了良好的纽带作用。但是,三大支撑带之间的协调关系被忽略了,给区域协调发展带来新的难题。

（三）区域经济增长动力"由重到轻",区域产业结构升级

1953 年,我国三次产业比重为 46.3∶23.4∶30.3,产业结构呈现出"一三二"状态,即第一产业占主要地位,第二产业所占比重最小。1963 年,我国三次产业比重为 40.6∶33.0∶26.4,产业结构呈现出"一二三"状态,即第一产业所占比重有所下降,但仍然占比最高,第二产业所占比重明显增加,仅次于第一产业,第三产业所占比重有所下降。1978 年,我国三次产业比重为 28.2∶47.9∶23.9,产业结构呈现出"二一三"状态,即第二产业所占比重远远超过了第一产业和第三产业。2015 年,我国三次产业比重优化为 6.1∶40.7∶53.2,产业结构呈现出"三二一"状态,即第三产业所占

①③　孙久文.中国区域经济发展报告——新时代区域协调发展的理论与实践（2017）[M].北京:中国人民大学出版社,2018.

②　赵弘.中国区域经济发展报告（2018—2019）[M].北京:社会科学文献出版社,2019.

④　区域经济发展呈现出南快北慢、经济增长南升北降的格局。

比重最大，第一产业所占比重最小。2018 年，我国三次产业比重为 4.4：42.2：53.4，经济增长的主动力是第三产业和第二产业。[①]

1978 年，东部地区第二产业占 GDP 的比重高达 56.8%，远超第一产业的 23.3% 和第三产业的 19.9%，东部地区的产业结构呈现出"二一三"状态。到了 2017 年，东部地区第三产业占 GDP 的比重高达 53.1%，第二产业占比降为 42.0%，第一产业占比低至 4.9%，产业结构明显优化，呈现出"三二一"的升级状态。

1978 年，中部地区产业结构也呈现出"二一三"状态，即第二产业所占比重最大（42.4%），第一产业所占比重仅次于第二产业，达到 39.2%，第三产业所占比重最小（仅占 18.4%）。到了 2017 年，中部地区产业结构升级为"二三一"状态，即第二产业所占比重最大（45.5%），第三产业所占比重仅次于第二产业，达到 45.0%，而第一产业所占比重最小，仅为 9.5%。

1978 年，西部地区第二产业占 GDP 的比重最高，达到 43.3%，第一产业所占比重为 36.9%，第三产业所占比重最小，只有 19.8%，西部地区产业结构同样呈现出"二一三"状态。到了 2017 年，西部地区产业结构优化升级为"三二一"状态，即第三产业占 GDP 的比重最大，达到 46.7%，第二产业所占比重仅次于第一产业，达到 41.8%，第一产业所占比重最小（11.5%）。

1978 年，东北地区第二产业占 GDP 的比重非常高，达到了 64.2%，第一产业所占比重为 20.1%，第三产业所占比重最小（15.7%），东北地区产业结构虽然也呈现出"二一三"状态，但第二产业所占比重异常突出，远远超过了第一产业（高出 44.1 个百分点）和第三产业（高出 48.5 个百分点）。到了 2017 年，东北地区的产业结构优化升级为"三二一"状态，即第三产业占 GDP 的比重最大，达到 50.8%，第二产业所占比重仅次于第三产业，

---

① 改革开放 40 年，第一产业占 GDP 比重下降了 23.8 个百分点，第二产业所占比重下降了 5.7 个百分点，而第三产业所占比重则上升了 29.5 个百分点。中华人民共和国成立 70 年，伴随着国家各项发展战略的深度实施，我国三次产业结构有了较大改善，产业竞争力及现代化发展水平有较大提升，三次产业结构大致由"一三二""一二三""二一三"向"二三一"，再向"三二一"演变。随着经济总量的增加，服务业逐渐成为区域经济发展的主导产业。

达到 37.3%，第一产业占比最小，只有 11.9%。

可见，改革开放以来，我国东部、中部、西部、东北四大区域板块的产业结构亦呈现出"由重到轻"的逐步优化升级的变化趋势。[①]

三、城镇化进程迈入新阶段，城市群逐渐形成

改革开放以来，中国城镇化进程较前一阶段（1949—1978 年）快了很多。中国城镇化率在 1978 年仅为 17.9%，2000 年达到 36.22%，2003 年达到 40.53%，2009 年达到 46.59%。1978—2009 年，我国城镇化率实现了年均 0.93% 的增长。2011 年我国城镇化率达到 51.3%，城镇人口规模首次超过农村。2015 年我国城镇化率为 56.1%，2017—2019 年，中国城镇化率分别达到 58.52%、59.58%、60.6%。2011—2019 年，我国城镇化率年均增长 0.6%，较前一阶段增速有所放缓，但仍处于中高速发展区间。[②] 目前，我国城镇化进程迈入新阶段，八大城市群逐渐形成[③]，中心城市不断崛起[④]。

城市群逐渐形成，成为大范围内各种要素集聚的"洼地"，提高了要素集聚的效率。城市群吸引着大量人口的流入，成为优秀人才集聚的地区，促进了创新创业。城市群作为一个多功能综合体，不断推动城市经济生存、运

①　赵弘. 中国区域经济发展报告（2018—2019）［M］. 北京：社会科学文献出版社，2019.

②　中国城市人口比重在中华人民共和国成立初期只有 10.6%，仅 0.58 亿人民生活在城市。2017 年中国城镇常住人口 81347 万人，比上年末增加 2049 万人，城镇人口占总人口比重（城镇化率）为 58.52%。2019 年末，我国城镇常住人口达 84843 万人，比上年末增加 1706 万人，城镇化率突破 60%，达到 60.6%，比上年末提高 1.02 个百分点。

③　随着交通网络的不断密集以及交通技术的不断进步，城市的物理边界逐步扩容，城市与城市之间的通勤时间正在缩短。很多传统意义上的大城市、小城市，正在融为一体，构成一个新的经济生态——城市群经济体。2017 年 1 月，国家发展和改革委员会印发《中原城市群发展规划》，标志着中原城市群正式跻身七大国家级城市群。2018 年 2 月国家发展和改革委员会印发《关中原城市群发展规划》，在与北部湾、呼包鄂榆等城市群的激烈竞争中，关中城市群加入了第八大国家级城市群的队伍。至此形成了以下八个国家级城市群：长三角城市群、珠三角城市群、京津冀城市群、长江中游城市群、哈长城市群、成渝城市群、中原城市群、关中平原城市群。

④　2005 年，中国住房和城乡建设部编制的《全国城镇体系规划》正式提出了建设国家中心城市。从此，中心城市在全国城镇体系中的地位和影响力不断攀升，很多城市都积极争取成为国家中心城市。目前，获此殊荣的城市有北京、天津、上海、广州、重庆、成都、武汉、郑州、西安。中心城市具有多中心、网络化特征，全面支撑巨型都市区和欠发达地区的发展。

转和发展。城市群之间分工协作日益紧密，推动经济高质量发展。

四、创新驱动发展，现代化区域经济体系逐步完善

近年来，创新成为驱动中国发展的最强动能，现代化区域经济体系不断完善，谱写出了我国区域经济高质量发展的新篇章。[1]

在追求区域经济高质量发展的政策理念引导下[2]，一些关键性经济指标表明：近年来，我国区域经济增长的新动能在不断孕育着，例如，全员劳动生产率从2000年的1.52万元/人提升到2016年的9.59万元/人；虽然全要素生产率年均增长率2000—2011年为3.5%，2012—2016年为2.7%，有所下降，但是对我国经济增长的年均贡献率从33%上升至37.7%。[3] 一大批具备市场化、商业化前景的重要科技发明成果纷纷涌现，创新创业驱动经济高质量发展取得重要进展。

我国促进新经济、新动能形成的体制机制改革不断推进，构建现代化区域经济体系的长效机制。[4] 党的十八大以来，中央不断鼓励自主创新，陆续出台了一系列聚焦于"大众创业、万众创新"的政策措施。[5] 以企业为主体，以高等院校、科研院所为基础的创新系统全面强化，各类型创新孵化器、众创空间和科创加速器等新型创新服务中介组织不断涌现。[6] 科技创新成为引领中国区域经济迈上高质量发展新台阶、提升区域经济核心竞争力的根本性原动力。

---

[1] 改革开放40年的实践和经验已经证明，创新驱动发展战略是我国区域经济发展的最强劲动能。科技创新在区域经济增长过程的乘数效应和对区域经济增长质量与效益的促进作用日益凸显。

[2] 自党的十八大以来，以供给侧结构性改革和五大发展理念为核心的国家经济发展新思路逐渐成形，其目标明确设计为实现我国经济的高质量发展。

[3] 赵弘.中国区域经济发展报告（2018—2019）[M].北京：社会科学文献出版社，2019.

[4] 党的十八届三中全会对全面深化改革做出了一系列重大部署，中央通过先行先试的方式，很多重大任务在特定目标区域落地，探索新路径，积累新经验。

[5] 《国家统计局发布改革开放40年科技创新成就报告》载有关键统计数据充分表明，市场竞争主体的创业创新活力竞相迸发，创新创业体系日益完善。

[6] 区域创新要素空前活跃，满足区域经济高质量增长需求的创新体系不断孕育、成长。党的十八大以来，科技创新在产业结构优化升级、产品供给优化和经济新动能培育等方面的支撑和提升作用愈发凸显。

体制机制是创新发展的驱动力之一。要实现我国区域经济的高质量发展，必须从制度供给①和要素供给②两个方面为创新发展提供保障机制。从要素角度看，创新型经济的发展，主要依靠的是知识要素和人力资本。因此，未来创新保障体系不断完善，创新环境持续优化可从发挥市场作用、营造创新氛围和加大基础设施投入等方面深入推进。③

五、生态文明建设持续推进，区域环境治理成果显著

日益成熟的党的生态文明建设思想和中国特色社会主义生态文明理论体系是我国不同区域开展生态环境治理的重要理论依据。④ 近年来，我国四大区域逐步形成多样化的区域环境治理路径与治理模式，有效改善了区域生态环境。⑤

东部地区作为我国经济发展最活跃、开放程度最高、创新能力最强的区域，在高质量发展的新形势下，进一步加大环境保护力度，深度践行绿色发展理念。⑥ 中部地区通过治理污染企业，发展生态农业，开创生态治理新局面，森林覆盖率由 1996 年的 30.2% 提升至 2017 年的 36.5%。西部地区结合

---

① 符合创新需求的制度供给。

② 符合创新型经济发展所需要素的供给。

③ 第一，以体制机制创新为突破，发挥市场在基础资源配置中所起的决定性作用。第二，释放创新活力，营造有利于创新的社会氛围。第三，加快部署重大科技基础设施，继续夯实创新基础设施。

④ 生态文明是中国特色社会主义的重要组成部分。党的十七大报告首次提出生态文明建设，推进建设资源节约型与环境友好型社会。党的十八大以来，以习近平同志为核心的中央领导集体系统地阐述了中国特色社会主义生态文明建设理念，在党的十九大报告中首次提出了"绿水青山就是金山银山"的理念，进一步完善了生态环境保护制度。中国按照生态功能划定生态保护红线，按照集约适度、绿色发展要求划定城镇开发边界，因地制宜，打造多元共生的生态系统。有宏观的科学规划，也有微观的技术创新。中国是世界上第一个大规模开展 PM2.5 治理的发展中国家，具备了全世界最大的污水处理能力。

⑤ 全球 2000—2017 年新增的绿化面积当中约 1/4 来自中国，贡献比例居全球首位。中国森林面积和蓄积量连续 30 多年保持"双增长"。与此同时，中国荒漠化和沙化面积"双缩减"、荒漠化和沙化程度"双减轻"，提前实现联合国提出的到 2030 年实现全球退化土地零增长目标。《2019 中国生态环境状况公报》显示，近年来，中国生态环境总体改善，蓝天越来越多，水质越来越清，生态越来越美。大江南北改天换地，神州大地换了人间。

⑥ 东部地区对生态环境保护提出了新要求：要高标准打赢污染防治攻坚战，进一步完善区域污染防治协作机制，加快生态绿色一体化发展示范区建设，把长三角生态绿色一体化示范区打造成为全国生态环境治理的新标杆。

国家"蓝天、碧水、净土"保卫战工作部署，突出重点领域污染防治，着力实施生态修复工程，加强生态环境保护，持续改善生态环境质量。东北地区通过治理采煤沉陷区，打造绿色能源新基地，实施环境修护工程，建设生态宜居新绿地，有效改善了生态环境，提高了环境质量。

与此同时，打通东部、中部、西部区域水污染防治协作通道，联合开展长江流域环境治理，全方位守护母亲河。"共抓大保护、不搞大开发"为长江经济带发展划定了"航向"。近年来，围绕"打赢污染防治攻坚战，在长江生态保护上实现新突破"战略目标，通过建设"蓝天幸福""碧水美丽""无废城市""生态能力"四大示范区，扎实推进长江生态安全带示范区建设。①

六、制度改革不断升级，区域发展更加协调

20世纪90年代以来，我国不断从体制机制上进行调整，推动相关的改革进程，以促进区域协调发展战略的实施，增强相关区域发展政策的有效性，有力地推动了各个区域实现协调发展。归纳起来，一是在区域经济发展上，对区域经济总体的认识从主要看重地理要素不断转向重视区域经济联系，从而使得区域经济协调机制能够不断调整、改善和升级。二是在对外开放层次上得到了进一步提升，更多的地区有机会得到开放的机遇。三是在政府管理上更加灵活，以行政机制的改革激发市场经济的活力，促进区域经济增长潜力的释放。四是通过财税体制的改革，增强了中央财政对地区财政的协调力，有效促进了地区间公共服务均等化的实现。②

第二节　中国区域经济发展战略的前瞻思考

随着西部大开发、振兴东北地区等老工业基地和中部崛起战略的实施，

---

① 探索以生态优先、绿色发展为导向的高质量发展新路子，坚决打好污染防治攻坚战。
② 赵弘.中国区域经济发展报告（2018—2019）［M］.北京：社会科学文献出版社，2019.

东部沿海地区与中西部地区互联互动、优势互补、协调发展的新格局正在形成。

一、区域协调发展战略引领作用将进一步彰显

区域协调发展战略作为中国新时代国家战略，在今后很长一段时期内会继续彰显和强化其引领作用和指导作用。

（一）区域发展协同性不断增强

区域经济协调发展战略必将首先推动我国区域发展的协同性。一方面，区域发展协同性体现为加强各大区域间的协同发展，即东部、中部、西部和东北地区四大板块要进一步发挥地区优势，突破行政区域界限，实现共同全面全方位可持续创新开放开发高质量协调发展。例如，西部地区发展还需要强化政策支持，东北振兴亟待深化改革，中部崛起要进一步集聚优势，东部地区要能积极实现发展转型，更多地依靠创新要素来引领新时期的发展，因此，各个地区之间都需要加强协同、共谋发展。另一方面，要"以城市群为主体构建大中小城市和小城镇协调发展的城镇格局"，即城市群不仅将成为未来支撑我国区域发展的形态主体，还将成为我国区域发展的规划、建设和治理主体。重视城市群的发展说明区域间的经济联系将更加被重视，以经济联系为基础将成为制定区域经济发展政策的着力点。[①] 与此同时，协调东部、中部、西部要与统筹南方、北方并举，充分发挥"三群两带"[②] 战略和"一带一路"倡议建设在助推协同开放发展过程中的引领作用，不断推进全国各地实现创新发展、协调发展、绿色发展、开放发展和共享发展。

（二）区域发展空间不断拓展

实施区域协调发展战略，将进一步扩大区域的发展空间。相比过去，党

[①] 区域间的分工协作和协同治理将成为促进区域发展的重要方式。因此，区域协调发展战略将提升各层面区域战略的联动性和全局性，未来城市群之间的交流和合作也将增强区域发展的协同性和整体性，必将进一步开创我国区域协调发展新局面。

[②] "三群"就是三大城市群：京津冀协同发展、长三角一体化、粤港澳大湾区建设。"两带"指的是长江经济带和黄河生态带。

的十九大报告强调的区域协调发展战略不仅从东部地区扩展到中西部地区，更加强了纵向的战略深化。一是明确提出区域互动，即鼓励区域间通过产业合作、资源优势互补等方式，实现协调、协同发展。[①] 二是高度强调大力推进乡村振兴，促进新型城镇化与乡村振兴联动实现城乡共荣，有效促进整体区域发展质量的提升，避免乡村地区成为区域发展短板。三是明确指出要以海陆经济一体化推动海洋产业高质量发展，即根据海陆产业、技术联系机理，通过海岸带地区的联动开发，对海陆资源进行合理配置，实现海陆协调发展，提升海洋经济与陆域经济的综合效益。四是再次强调要进一步加大力度支持贫困地区、革命老区、边疆地区和民族地区加快发展，对区域经济发展中的薄弱点都有了相应的支撑和扶持政策。五是强调生态文明，重视对区域中可开发、限制开发与禁止开发的区域采取不同的发展战略，保障区域经济发展的可持续性，更加合理地实现发展与可持续的平衡。[②]

（三）区域经济实现优质、高效、共享、绿色发展

区域经济协调发展战略的深入实施，必将促进中国区域经济实现优质、高效、共享、绿色发展。[③] 一是通过对区域内不同地区的产业、资源等要素基础分析，采取有针对性的具体措施，充分发挥各个区域的比较优势，不断深化区际分工，进一步建立健全更协调、更有效的区域合作发展机制，实现更高质量的区域协同发展。二是推动建立更加便利的区域互动机制，让各类要素合理畅通有序流动，提升资源配置效率，提高各大区域社会经济的运行效率。三是更加注重基本公共服务均等化，有效扩大欠发达区域的公共服务供给，缩小其与发达地区之间的差距，让各大区域实现较为均衡且更加公平的共享发展。四是全面推动国土绿化行动，因势利导、因地制宜打造可持续发展扶贫模式，注重空间均衡，让各地区人口、经济与其资源、环境相匹

---

① 进一步要求经济优先发展的地区带动经济相对落后的地区，促进区域发展的均衡。

② 从这一系列的区域发展政策可以看出，整个区域所涵盖的不同类型空间都有了差异化的发展战略和发展政策，将有力支持区域发展的空间协调性。

③ 即实施区域经济协调发展战略必将推动我国区域经济实现更高质量、更有效率、更加公平、更可持续的发展。

配，消除贫困，实现区域经济可持续发展。

二、区域发展差异化态势明显

长期以来，区域经济发展不平衡、不协调已成为制约我国经济社会发展的两大障碍。随着我国经济增长速度从高速转向中高速，经济结构调整和改革创新推进力度不断加大，我国区域经济协调发展策略日益细化、深化和长效化，但短期内区域经济发展均衡化与非均衡并存、区域繁荣融合与化解风险同行，各大区域之间的差异化发展态势比较明显。

（一）东中西协调发展略显成效，其发展差距有望进一步缩小

改革开放之后，我国东部地区率先进入经济高速增长阶段，并取得一系列瞩目成就。时至今日，中国经济迈进"新常态"① 发展新阶段，东部地区正步入城镇化及工业化发展的后期阶段。所以，东部地区必将进一步放慢经济增速，着力实现高质量发展。与此同时，随着西部大开发、中部崛起、长江经济带发展、"一带一路"倡议建设、黄河生态带建设等一系列国家战略的深入推进，我国中西部地区必将进一步改善公共服务供给，大幅提升公共服务水平，通过经济增速领跑全国②，全面缩小同东部地区的发展差距。

（二）南北区域发展差距扩大

南北区域发展差距从 2014 年之后有扩大的迹象③，吉林、辽宁、内蒙古

---

① 我国正处于经济增速换挡期、结构调整阵痛期、前期刺激政策消化期"三期叠加"阶段，经济增速有所回落是必然现象，是一种新常态。

② 从国际形势来看，世界经济复苏缓慢，以出口为导向的东部地区经济发展将受到很大影响。从国内发展背景来看，东部地区进入城镇化及工业化发展的后期阶段，未来城镇化及工业化发展的重点将逐步向中西部地区转移，成为我国经济发展的重要载体。随着国家"一带一路"倡议建设、长江经济带发展等重大战略的深入推进，中西部地区的交通基础设施条件和投资营商环境均将得到极大改善，这将为中西部地区经济社会发展提供重要支撑。况且，我国中西部地区在能源、原材料行业的投资强度明显高于东部地区，大幅度拉动中西部地区经济的发展。与此同时，由于我国东部地区的土地、劳动力等生产要素价格大幅上升，部分低附加值产业逐步向中西部地区转移，中西部地区经济增速将继续领跑全国。

③ 2018 年，中共中央、国务院在《关于建立更加有效的区域协调发展新机制的意见》中明确提出，构建协调国内东中西和南北方的区域发展新格局。

自治区、天津、河北、青海、湖北等北部地区的经济增速有所放缓。① 虽然南北差距小于东西差距②，且尚处于适度区间③，但从区域经济协调发展的角度来看，这也不容忽视。④

受传统发展模式的影响，东北部分资源型城市随资源衰竭而慢慢衰退。同时，受体制机制及宏观政策影响，东北地区民营经济发展相对滞后，民营企业与国有企业间大多为生产经营上的依附关系或"寄生"关系，真正意义上的民营经济发展面临较大障碍。⑤ 所以，政府与市场的关系必须进一步理顺，要转变政府职能，推进机制体制改革，在经济新常态下搞好政府与企业及社会的发展关系，充分发挥市场作用，破解东北地区发展困局。

三、创新驱动区域高质量发展

中国科技发展已逐渐由改革开放初期的以引进、模仿为主转向改革创新和自主创新发展阶段。创新驱动发展战略的深入实施，有利于加快促进科学技术与我国经济社会的深度融合。

（一）继续构建高端化区域创新网络

区域创新网络，即区域创新环境，是发展高新技术产业所必需的社会文

---

① 2014—2018年，南北方地区GDP占全国GDP的比重出现了急剧扩大的态势。2016年南方地区GDP占全国GDP的比重首次超过60%，达60.3%。2018年南方地区GDP占全国GDP的比重达61.52%。从人均GDP来看，2014年南北方地区人均GDP差别不大，2018年南北方地区人均GDP比达到改革开放以来的最高值1.136∶1。从泰尔指数来看，南北方地区的泰尔指数从2014年的0.000556上升至2018年的0.001576，南北差距急剧扩大。

② 南北方地区GDP差距高于东部地区与中西部地区GDP差距，但低于东西部地区GDP差距。南北方地区的相对差距高于东部地区与中西部地区的相对差距，但低于东西部地区的相对差距。东西部地区人均GDP差距高于南北方地区人均GDP差距。东西部地区的相对差距高于南北方地区的相对差距。

③ 牛树海，杨梦瑶. 中国区域经济差距的变迁及政策调整建议 [J]. 区域经济评论，2020（2）：37-43.

④ 南北地区在经济体制改革、产业结构优化与新旧动能转换、国内外市场发展水平、要素承载能力等方面表现出的差异是导致南北经济差距扩大的重要原因。

⑤ 国务院振兴东北地区等老工业基地推进会议审议通过了《关于深入推进实施新一轮东北振兴战略部署加快推动东北地区经济企稳向好若干重要举措的意见》和《东北振兴"十三五"规划》，目前东北三省经济释放出诸多企稳向好的积极信号。但是，东北经济仍面临经济结构不合理、投资需求不足、创新能力不足、国企改革滞后等问题，东北地区的投资营商环境亟待进一步改善。

化环境，是指在某一特定区域内业务上互相联系的利益相关多元体共同参与组成的以横向联系为主的动态开放系统。通过构筑区域创新网络，可以降低交易成本，充分利用资源，协同创新，提升区域产业竞争优势。因此，只有着眼于扎根本地自主创新，不断加强区域创新网络联系，区域经济发展质量才能获得持续提高。

（二）政府营造好创新生态环境

首先，政府主导做好资金投入、交通建设、网络服务和人才培养，以奠定、培育良好区域创新环境的要素基础。① 其次，制定符合各地实际状况的规划与政策，给创新型企业提供优惠条件，奖励重大技术创新、基础创新，鼓励交流合作，培植创新型企业文化。② 最后，打破各类体制机制障碍，整合利用各种创新要素，优化创新资源配置。③ 总之，政府必须采取有效措施，优化区域创新网络，为区域创新营造良好且适宜的外部综合环境。④

（三）创新驱动转变区域经济增长方式

从根本上转变区域经济增长方式实现高质量发展，突出创新引领增强创新驱动力势在必行。⑤ 第一，充分发挥示范性协同创新平台的功能。第二，率先支持重点地区改革创新，探索经验，先行先试。第三，大力提高劳动力素质和技能水平，促进数量型"人口红利"向质量型"人才红利"快速转变。第四，因地制宜，分类施政，不断创新和完善区域政策体系。

---

① 良好的创新生态环境是创新创业最深厚的土壤。培育良好的区域创新环境，必须充分发挥政府的科学调控和有效治理作用。由政府主导，采用多种投资模式，建设通达的区域交通运输体系、网络信息通信系统，并进一步增加对人才培养、创新院校和科研机构的投入。

② 即鼓励产学研之间的密切交流与有效合作，增加政府、研发机构以及企业之间的互惠互联，培植具有创新精神的企业公共文化。

③ 即进一步打破各种束缚创新创业的体制机制障碍，将不同所有制的各类创新要素都纳入创新网络中，通过网络组织的高效整合与规范运行，实现对创新要素的整合利用和对创新资源的优化配置。总之，政府在区域创新中具有十分关键的作用。

④ 赵弘．中国区域经济发展报告（2018—2019）［M］．北京：社会科学文献出版社，2019．

⑤ 实施创新驱动发展战略，对我国形成国际竞争新优势、增强发展的长期动力具有战略意义，对我国实现区域经济增长方式的根本性转变、发挥区域优势优化产业结构和逐步缩小区域社会经济发展差距具有现实意义。

四、城市群成为引领区域高质量发展的主要载体

城市化也称为城镇化，是世界各国经济发展的必然趋势。城市群是在城镇化水平较高的地域空间里形成的城市—区域系统。城市群的出现是生产力发展、生产要素逐步优化组合的产物。我国的城市化已开始从以追求速度为主的"粗放式"阶段向以追求和实现更高质量为主的"内涵式"阶段转型升级。①

土地确权是农村土地制度改革的基础性工作②。近年来，通过完善我国农村土地制度，一是加快了城市建设的进程，二是加速了农民城市化，三是加速了农业产业化。

我国城市群的总体布局既应符合经济社会发展要求，又要结合经济地理格局，还要顺应信息化发展趋势。新时代背景下，城市群的集散方式不断变革，城市群的架构越来越开放，城市群的空间结构呈现出鲜明的新特征。第一，城市群快速向以消除资源孤岛即资源共享为根本特征的网络化发展。第二，城市群向智能化、高质量发展。第三，中心城市协同发展。

五、城乡区域协调发展将稳步推进

进入新时代，农村发展滞后与城乡发展失衡成为当前我国城乡经济协调发展面临的主要问题。③

城乡公共服务均等化是乡村振兴与城乡融合发展的重要组成部分，要求政府在城乡地区科学合理配置各类公共服务资源，使城乡居民能够享受到大

---

① 一方面，城市化过程中出现的"化地不化人"问题逐步得到解决，统筹城乡区域发展，良性互动格局加快形成。另一方面，中心城市与周边城市共同努力，聚焦区域分工协作与交通互联互通，城市群开始呈现网络化、智能化和高质量协同发展趋势。

② 2018 年完善农村承包地"三权分置"制度后，土地制度改革在坚持落实集体土地所有权、稳定农户土地承包权的前提下，平等保护土地经营权。

③ 人民日益增长的美好生活需要和不平衡不充分的发展之间的矛盾成为我国社会的主要矛盾。自乡村振兴上升为我国国家发展战略以来，大力推动新农村建设、补齐"三农"发展短板、缩小城乡发展差距必将是当前和今后一段时期内我国经济建设的一项重要任务。

致均等的公共服务，针对当前我国农村公共服务相对滞后与空间不均衡的基本现实，需在政策上向农村地区倾斜。城乡融合发展是城乡发展的高级阶段，是实现国家或区域全面现代化的必经之路，未来服务于城乡融合发展的制度创新与变革将进一步完善。不同区域城乡发展阶段与农村发展实际需求各不相同，需从当前城乡公共服务亟待解决的关键问题入手构建城乡公共服务均等化的体制机制。

　　我国地域广阔，区域发展不均衡是突出问题，区域协调发展战略与规划将进一步落实。京津冀协同发展、长江经济带发展、"一带一路"倡议建设、黄河生态带建设等国家战略，为促进区域协调发展指明了道路。不同区域地方政府围绕国家战略编制了相应的区域发展规划，在未来发展中，不同区域发展规划必将进一步落实。①

　　跨区域合作是未来我国区域协调发展的重要途径，不同区域通过对接与合作交流，充分发挥各自区域的优势与特长，实现优势互补、合作共赢。我国中央政府批复实施的区域规划类型较多，往往是满足不同区域或不同部门的自身需求，而缺少全国层面区域规划的约束，可能产生不同区域或产业之间的竞争。所以接下来，我国将进一步强化跨区域统筹规划，确保实现协调发展。② 生态环境污染导致的区域环境不公平问题日益严重，跨区域生态治理将是我国未来生态文明建设的重要方向，对区域协调发展具有至关重要的作用。因此，接下来必将进一步推进跨区域生态环境协同治理法治化，进一步健全跨区域生态联防联控的执法协作机制，进一步完善跨区域生态环境治理的法律法规，进一步明晰跨区域生态补偿机制。③

---

　　① 国家战略对区域经济协调发展的积极作用将进一步凸显，以市场机制为主、政府调控为辅的区域协调发展的体制机制也将进一步完善。

　　② 下一步，从区域总体需求出发，不同地区、不同部门之间区域规划存在的不衔接、不协调的问题将得到进一步解决，跨区域规划的统筹与协调将进一步强化。

　　③ 赵弘．中国区域经济发展报告（2018—2019）［M］．北京：社会科学文献出版社，2019.

本章小结

我国区域经济格局继续沿着区域协调发展的思路重塑，新时代下区域协调发展被赋予新的时代意义，在四大板块总体战略的基础上又新成立了雄安新区、粤港澳大湾区和18个自由贸易试验区，从而呈现协调中发展、发展中协调的时空特征。从政策尺度来看，区域经济呈现如下特征：第一，区域发展的相对差距进一步缩小，南北差距正在扩大；第二，区域协调发展的总领性作用开始逐步发挥；第三，区域经济动能转换推动区域经济转型升级；第四，区域经济制度改革创新与全面对外开放相结合。①

2008年金融危机以来，在外需不断减少、四万亿元投资刺激等综合作用下，中国产能出现全面过剩。在这样的背景下，通过产业转移获取产业利润的渠道被打破，产业转移速度和幅度不断放缓。这对于尚处于工业化初期和中期的中西部地区而言，不便于搭乘产业转移带来的工业化列车，而面临着一个巨大的挑战。同时，随着信息化和数字化的快速发展，全球步入人工智能时代。随着各个产业的智能化，机器替代人工的速度不断加快。机器的进入极大地抵消了土地和人工成本上升带来的压力，导致中西部地区土地、人工的成本优势不再显著，产业转移速度放缓。传统的依靠低成本吸引产业转移，进而导致区域经济协调发展的模式受到很大挑战。因此，产业转移的受阻导致工业化受阻，工业化受阻导致城镇化受阻，城镇化受阻影响农村农业规模化经营，农业规模化经营受阻导致居民收入水平受到影响。收入增长受到影响又反过来影响工业化进程与区域经济协调发展。

在产能过剩、人工智能双重压力下，创新驱动成为区域经济协调发展的主动力。通过发挥区域优势，打造创新"动力源"，着力推进我国城市群建

---

① 孙久文. 中国区域经济发展报告——新时代区域协调发展的理论与实践（2017）［M］. 北京：中国人民大学出版社，2018.

设从经济发达型向创新引领型转型，打造世界级创新平台和增长极，以区域之力来全面提升我国的综合竞争力。

在区域经济制度方面，其制度体系尚不健全，生态文明制度体系也不健全，主体功能区制度有待完善，当前财税制度面临创新，区域合作和共治制度亟须构建，跨区域社会保障制度亟须打通等问题都是未来我国区域经济制度改革发展的方向。随着我国区域经济发展新特征的出现，其制度需求更为强烈。当前需要做的就是，构建和完善现有区域经济制度，改革和创新区域协同发展模式，提高发展效率，全面提升我国的对外开放水平。不断完善区域战略布局，有效控制区域间经济水平、基础建设、基本公共服务等多方面差距。

参考文献

[1] Bhalla Ajit, Yao Shujie, Zhang Zongyi. Regional Economic Performance in China [J]. Economics of Transition, 2003, 11 (1): 25-39.

[2] Brun J. F., Combes J. L., Renard M. F. Are There Spillover Effects between Coastal and No Coastal Regions in China? [J]. China Economic Review, 2002, 13: 161-169.

[3] Cai F., Wang D., Du Y. Regional Disparity and Economic Growth in China: the Impact of Labor Market Distortions [J]. China Economic Review, 2002, 13 (2): 197-212.

[4] Chen J., Fleisher B. M. Regional Income Inequality and Economic Growth in China [J]. Journal of Comparative Economics, 1996, 22 (2): 141-164.

[5] Dagum Camilo. A New Approach to the Decomposition of the Gini Income Inequality Ratio [J]. Empirical Economics, 1997, 22 (4): 515-531.

[6] Dagum Camilo. Decomposition and Interpretation of Gini and the Generalized Entropy Inequality Measures [J]. Statistica, 1997, 57 (3): 200-205.

[7] Demurger S. Infrastructure Development and Economic Growth: An Explanation for Regional Disparities in China? [J]. Journal of Comparative Economics, 2001, 29 (1): 95-117.

[8] Demurger S., Saches J. D., Woo W. T., et al. The Relative Contributions of Location and Preferential Policies in China Regional Development: Being in the Right Place and Having the Right Incentives [J]. China Economic Review, 2002, (13) (4): 444-465.

[9] Fu F. , Li C. Disparities in Mainland China Regional Economic Development and their Implications for Central Local Economic Relations [J]. Issues and Studies. 1996, 31 (11): 1-30.

[10] Fujita M. , Hu D. Regional Disparity in China 1985—1994: The Effects of Globalization and Economic Liberalization [J]. The Annals of Regional Science, 2001, 35 (1): 3-38.

[11] Golley J. Regional Patterns of Industrial Development during China Economic Transition[J]. Economics of Transition, 2002, 10(3): 761-801.

[12] Jia L. Regional Catching Up and Productivity Growth in Chinese Reform Period [J]. International Journal of Social Economics, 1998, 25 (6/7/8): 1160-1177.

[13] Jian T. , Sachs J. , Warner A. Trends in Regional Inequality in China [J]. China Economic Review, 1996, 7 (1): 1-21.

[14] Kanbur Ravi, Zhang Xiaobo. Which Regional Inequality? The Evolution of Rural-Urban and Inland-Coastal Inequality in China from 1983 to 1995 [J]. Journal of Comparative Economics, 1999, 27 (4): 686-701.

[15] Lin S. Resource Allocation and Economic Growth in China [J]. Economic Inquiry, 2000, 38 (3): 515-526.

[16] Lu D. Rural Urban Income Disparity: Impact of Growth, Allocative Efficiency and Local Growth Welfare [J]. China Economic Review, 2002, 13 (4): 419-429.

[17] Lu M. , Wang E. Forging Ahead and Falling Behind: Changing Regional Inequalities in Post Reform China [J]. Growth and Change, 2002, 33 (1): 42-71.

[18] Poncet S. Measuring Chinese Domestic and International Integration [J]. China Economic Review, 2003, 14 (1): 1-21.

[19] Quah, D. Galton's Fallacy and Tests of the Convergence Hypothesis [J]. Scandinavian Journal of Economics, 1993, 95 (4): 427-443.

［20］Renard, Mary-Francoise. A pessimistic View on the Impact of Regional Inequalities ［J］. China Economic Review, 2002, 13 (4): 341-344.

［21］Shan J. A Macroeconomic Model of Income Disparity in China ［J］. International Economic Journal, 2002, 16 (2): 47-63.

［22］Sun H., Parikh A. Exports, Inward Foreign Direct Investment (FDI) and Regional Economic Growth in China ［J］. Regional Studies, 2001, 35 (3): 187-196.

［23］Tian X. Market Orientation and Regional Economic Disparities in China ［J］. Post-Communist Economies, 1999, 11 (2): 161-172.

［24］Tsui K. Y. Economic Reform and Interprovincial Inequalities in China ［J］. Journal of Development Economics, 1996, 50 (2): 353-368.

［25］Wan G. Changes in Regional Inequality in Rural China: Decomposing the Gini Index by Income Sources ［J］. The Australian Journal of Agricultural and Resource Economics, 2001, 45 (3): 316-381.

［26］Wei Y. D. Investment and Regional Development in post -Mao China ［J］. Kluwer Acodemic Publisher, 2000, 51 (3): 169-179.

［27］Wei Y. D. Regional Inequality in China ［J］. Progress in Human Geography, 1999, 23 (1): 49-59.

［28］Wei Y., Liu X., Song S. et al. Endogenous Innovation Growth Theory and Regional Income Convergence in China ［J］. Journal of International Development, 2001, 13 (2): 153-168.

［29］Wu Yanrui. Regional Disparities in China: An Alternative View ［J］. International Journal of Social Economics, 2002, 29 (7): 575-598.

［30］Xu X. Have the Chinese Provinces Become Integrated Under Reform? ［J］. China Economic Review, 2002, 13 (2): 116-133.

［31］Yang D. T. What has Caused Regional Inequality in China? ［J］. China Economic Review, 2002, 13 (4): 331-334.

［32］Yao Shujie, Zhang Zongyi. On Regional Inequality and Diverging

Clubs：A Case Study of Contemporary China ［J］. Journal of Comparative Economics，2001，29（3）：466-484.

［33］Yao S. , Zhang Z. Regional Growth in China Under Economic Reforms ［J］. Journal of Development Studies，2001，38（2）：167-186.

［34］Zhang Q. , Felmingham B. The Role of FDI, Exports and Spillover Effects in the Regional Development of China ［J］. Journal of Development Studies，2002，38（4）：157-178.

［35］Zhang W. Rethinking Regional Disparity in China ［J］. Economics of Planning，2001，34（1-2）：113-138.

［36］Zhang X. , Zhang K. H. How does Globalization Affect Regional Inequality within a Developing Country? Evidence from China ［J］. Journal of Development Studies，2003，39（4）：47-67.

［37］Zheng Fei, Xu Lida, Tang Bingyong. Forecasting Regional Income Inequality in China ［J］. European Journal of Operational Research，2000，124（2）：243-254.

［38］安格斯·麦迪森. 世界经济千年史 ［M］. 伍晓鹰，许宪春，译. 北京：北京大学出版社，2003.

［39］安树伟. 中国大都市区膨胀病的国家治理政策 ［J］. 改革与战略，2009（3）：32-35.

［40］白永秀，何昊. 西部大开发 20 年：历史回顾、实施成效与发展对策 ［J］. 人文杂志，2019（11）：52-62.

［41］白永秀，赵伟伟. 新一轮西部大开发的背景、特点及其措施 ［J］. 经济体制改革，2010（5）：134-137.

［42］本书编写组. 国民经济和社会发展"十一五"规划若干问题学习问答 ［M］. 北京：新华出版社，2005.

［43］卜茂亮，展晶达. 信息化与我国区域经济差距的实证研究 ［J］. 科技进步与对策，2011（10）：25-30.

［44］蔡昉，都阳. 中国地区经济增长的趋同与差异——对西部开发战

略的启示［J］．经济研究，2000（10）：30-37+80.

［45］陈德昇．中国大陆区域经济发展：变迁与挑战［M］．台北：五南图书出版公司，2003.

［46］陈栋生．跨世纪的中国区域发展［M］．北京：经济管理出版社，1999.

［47］陈栋生．论区域协调发展［J］．北京社会科学，2005（2）：3-10+62.

［48］陈栋生．区域经济学［M］．郑州：河南人民出版社，1993.

［49］陈栋生．区域经济研究的新起点［M］．北京：经济管理出版社，1991.

［50］陈栋生．西部大开发与可持续发展［M］．北京：经济管理出版社，2001.

［51］陈栋生．西部经济崛起之路［M］．上海：上海远东出版社，1996.

［52］陈家海．中国区域经济政策的转变［M］．上海：上海财经大学出版社，2003.

［53］陈家泽．梯度推移和发展极——增长点理论研究［J］．经济研究，1987（3）：33-39.

［54］陈锦华．国民经济和社会发展"九五"计划和2010年远景目标纲要讲话［M］．北京：中国经济出版社，1996.

［55］陈文科．论长江沿江经济带以互补互动为中心的协调发展［J］．经济研究参考，1997（14）：34-38.

［56］陈小宁．20世纪70年代的中美苏战略三角关系探析［J］．西部学刊，2019（5）：45-48.

［57］陈秀山．关于区域经济学的研究对象、任务与内容体系的思考［J］．经济学动态，2002（12）：26-29.

［58］陈耀．国家级区域规划与区域经济新格局［J］．中国发展观察，2010（3）：13-15.

［59］陈耀．深化我国区域经济重大问题研究［J］．区域经济评论，

2013（1）：24-28.

［60］陈耀．"十三五"时期我国区域发展政策的几点思考［J］．区域经济评论，2015（1）：25-28.

［61］陈耀．丝绸之路经济带建设要围绕"西向开放"做文章［J］．区域经济评论，2014（2）：85-87.

［62］陈耀．我国区域发展要主动适应经济"新常态"［J］．区域经济评论，2014（6）：23-26.

［63］陈耀．新时代我国区域协调发展战略若干思考［J］．企业经济，2018（2）：11-19+2.

［64］陈耀．"一带一路"战略的核心内涵与推进思路［J］．中国发展观察，2015（1）：53-55.

［65］陈耀．中国城市经济圈发展特征与前景［J］．学术界，2003（6）：48-57.

［66］陈云．陈云文选（1956—1985年）［M］．北京：人民出版社，1986.

［67］崔卫杰．中国自由贸易试验区开放引领功能再升级［N］．中国经济时报，2019-09-02（005）.

［68］道格拉斯·C. 诺思．经济史中的结构与变迁［M］．陈郁，罗华平，译．上海：上海三联书店，上海人民出版社，1994.

［69］邓小平．邓小平文选（第三卷）［M］．北京：人民出版社，1993.

［70］董志凯．共和国经济风云回眸［M］．北京：中国社会科学出版社，2009.

［71］董志凯，武力．中华人民共和国经济史（1953—1957）（上）［M］．北京：社会科学文献出版社，2011.

［72］段娟．近五年来我国战略性区域规划研究综述与展望［J］．区域经济评论，2014（6）：13-22.

［73］樊杰．从经济地理学的角度对区域经济学理论体系的理解［J］．地理研究，1997（1）：39-44.

［74］房维中．房维中自选集［M］．北京：中央文献出版社，2015.

［75］房维中．中华人民共和国经济大事记［M］．北京：中国社会科学出版社，1984.

［76］费正清，麦克法夸尔．剑桥中华人民共和国史1949—1965［M］．谢亮生，杨品泉，黄沫，等译．北京：中国社会科学出版社，1990.

［77］冯宗宪，陈永华．区际利益冲突与调适［J］．人文杂志，1997（4）：59-62+80.

［78］高新才．区域经济与区域发展［M］．北京：人民出版社，2002.

［79］戈银庆．中国区域经济问题研究综述［J］．甘肃社会科学，2004（1）：57-60.

［80］顾朝林．城市经济区理论与应用［M］．长春：吉林科学出版社，1991.

［81］关兴良，方创琳，罗奎．基于空间场能的中国区域经济发展差异评价［J］．地理科学，2012（9）：1055-1065.

［82］郭德宏．历史的跨越：中华人民共和国国民经济和社会发展"一五"计划至"十一五"规划要览［M］．北京：中共党史出版社，2006.

［83］郭凡生．何为"反梯度理论"——兼为"反梯度理论"正名［J］．开发研究，1986（3）：39-40.

［84］国家发展和改革委员会．国家及各地区国民经济和社会发展"十二五"规划纲要［M］．北京：人民出版社，2011.

［85］国家发展和改革委员会经济研究所．十三五规划研究：经济发展和深化改革［M］．北京：经济科学出版社，2014.

［86］国家发展和改革委员会．"十二五"规划战略研究［M］．北京：人民出版社，2010.

［87］国家发展和改革委员会．"十二五"国家级专项规划汇编（第一辑）［G］．北京：人民出版社，2012.

［88］国家计委高技术产业发展司．国民经济和社会发展第十个五年计划信息化重点专项规划汇编［G］．北京：中国市场出版社，2003.

[89] 国家计委经济研究所课题组.中国区域发展战略研究 [J].管理世界,1996 (4):175-189.

[90] 国家民族事务委员会.中国共产党关于民族问题的基本观点和政策 [M].北京:民族出版社,2002.

[91] 国家统计局国民经济综合统计司.新中国五十年统计资料汇编 [G].北京:中国统计出版社,1999.

[92] 国世平.1989年以来的中国经济形势分析 [M].香港:励志出版社,1993.

[93] 国务院发展研究中心课题组.中国区域协调发展战略 [M].北京:中国经济出版社,1994.

[94] 国务院关于东北地区振兴规划的批复 [EB/OL].[2020-01-03]. http://www.gov.cn/zwgk/2007-08/07/content_708474.htm.

[95] 郝寿义,安虎森.区域经济学 [M].中国:经济科学出版社,1999.

[96] 何立峰.2018国家西部开发报告 [M].杭州:浙江大学出版社,2018.

[97] 何亦文.西部省份面临新挑战新机遇——甘肃省长贾志杰谈"沿海地区经济发展战略"[J].经济导报,1988 (15):31.

[98] 胡鞍钢,鄢一龙,周绍杰,等.中国:"十三五"大战略 [M].杭州:浙江人民出版社,2015.

[99] 胡鞍钢.中国地区差距报告 [M].沈阳:辽宁人民出版社,1995.

[100] 胡锦涛.高举中国特色社会主义伟大旗帜 为夺取全面建设小康社会新胜利而奋斗 [M].北京:人民出版社,2009.

[101] 胡晓鹏.区域差距与区域信息化:一体化互动关系 [J].财经理论与实践,2003 (4):65-69.

[102] 胡序威.论中国经济区的类型与组织 [J].地理学报,1993 (3):193-203.

[103] 胡兆量.中国七个经济区域评价 [J].经济地理,1997 (1):1-5.

［104］黄小劢．李鹏的报告更接近中国现实——访香港浸会学院经济系讲师胡敦霭［J］．经济导报，1988（13）：12-13.

［105］黄志亮，许小苍，段小梅，等．西部地区经济发展新实践研究［M］．北京：科学出版社，2017.

［106］雷励祖．一九七九年香港继续迈进［J］．经济导报，1979（01-02）：9.

［107］李二玲，覃成林．中国南北区域经济差异研究［J］．地理学与国土研究，2002（4）：76-78.

［108］李国平．产业转移与中国区域空间结构优化［M］．北京：科学出版社，2016.

［109］李建平，李闽榕，高燕京．"十二五"中期中国省域经济综合竞争力发展报告［M］．北京：社会科学文献出版社，2014.

［110］李敏纳，蔡舒，张慧蓉．中美西部开发比较研究：基于资源和产业开发的视角［M］．北京：经济管理出版社，2018.

［111］李文．对区域经济协调发展的有益探索［J］．中国社会科学，1997（2）：194-196.

［112］李正华．胡耀邦在拨乱反正中的历史贡献［J］．毛泽东研究，2015（5）：47-52.

［113］李仲周．共建"一带一路"，营造全球繁荣［J］．可持续发展经济导刊，2019（5）：63.

［114］林毅夫，蔡昉，李周．中国的奇迹：发展战略与经济改革［M］．上海：上海人民出版社，2002.

［115］林毅夫，李周．中国经济转型时期的地区差距分析［J］．经济研究，1998（6）：5-12.

［116］林毅夫．中国的奇迹：发展战略与经济改革［M］．上海：上海三联书店，1994.

［117］刘坚．新阶段扶贫开发的成就与挑战［M］．北京：中国财政经济出版社，2006.

［118］刘江.中国地区经济发展战略研究［M］.北京：中国农业出版社，2003.

［119］刘生龙，王亚华，胡鞍钢.西部大开发成效与中国区域经济收敛［J］.经济研究，2009（9）：94-105.

［120］刘世庆，许英明，巨栋，等.中国流域经济与政区经济协同发展研究［M］.北京：人民出版社，2019.

［121］刘树成，李强，薛天栋.中国地区经济发展研究［M］.北京：中国统计出版社，1994.

［122］刘卫东，张国钦，宋周莺.经济全球化背景下中国经济发展空间格局的演变趋势研究［J］.地理科学，2007（5）：609-616.

［123］刘夏明，魏英琪，李国平.收敛还是发散？——中国区域经济发展争论的文献综述［J］.经济研究，2004（7）：70-81.

［124］刘宪法.中国区域经济发展新构想——菱形发展战略［J］.开放导报，1997（Z1）：46-48.

［125］刘以雷.新时代推进西部大开发形成新格局需重点处理好四个关系［J］.新西部，2019（22）：12-13.

［126］刘永富.有条件有能力如期完成脱贫攻坚目标任务［N］.人民日报，2020-03-16（009）.

［127］刘玉，刘毅.区域政策的矛盾内涵解析［J］.中国软科学，2002（8）：105-109.

［128］刘再兴.综合经济区划的若干问题［J］.经济理论与经济管理，1985（6）：45-49.

［129］龙美林，向南平.30年来中国区域经济发展差异分析［J］.中国西部科技，2011（2）：52-54.

［130］卢正惠.区域经济发展战略：理论与模式［M］.北京：经济科学出版社，2012.

［131］陆大道.地区合作与地区经济协调发展［J］.地域研究与开发，1997（1）：45-48+67.

［132］陆大道．论区域的最佳结构与最佳发展——提出"点—轴系统"和 T 型结构以来的回顾与再分析［J］．地理学报，2001（2）：127-135.

［133］陆大道．2000 年我国工业生产力布局总图的科学基础［J］．地理科学，1986（2）：110-118.

［134］陆大道．区位论及区域研究方法［M］．北京：科学出版社，1988.

［135］陆大道，薛凤旋．1997 中国区域发展报告［M］．北京：商务印书馆，1997.

［136］陆大道．中国区域发展的理论与实践［M］．北京：科学出版社，2003.

［137］陆铭，陈钊，朱希伟，等．中国区域经济发展：回顾与展望［M］．上海：格致出版社，2011.

［138］吕薇洲．20 世纪 70 年代陈云关于研究、利用和警惕资本主义的思想及其当代价值［J］．党的文献，2016（1）：58-63.

［139］马洪，孙尚清．现代中国经济大事典（第 3 卷）［M］．北京：中国财政经济出版社，1993.

［140］马洪，孙尚清．现代中国经济大事典（第 2 卷）［M］．北京：中国财政经济出版社，1993.

［141］马洪，孙尚清．现代中国经济大事典（第 4 卷）［M］．北京：中国财政经济出版社，1993.

［142］马洪，孙尚清．现代中国经济大事典（第 1 卷）［M］．北京：中国财政经济出版社，1993.

［143］马建堂，贺晓东，杨开忠．经济结构的理论、应用与政策［M］．北京：中国社会科学出版社，1991.

［144］马克思，恩格斯．马克思恩格斯选集（第三卷）［M］．北京：人民出版社，1995.

［145］聂华林．区域发展战略学［M］．北京：中国社会科学出版社，2006.

［146］曲鲁宁．我国地区经济发展差距及其发展态势分析［J］．北方经

济，2008（16）：59-60+88.

[147] 权衡.中国区域经济发展战略理论研究述评 [J].中国社会科学，1997（6）：44-51.

[148] 全国人大财政经济委员会办公室.建国以来国民经济和社会发展五年计划重要文件汇编 [G].北京：中国民主法制出版社，2007.

[149] 任保平，张倩.西部大开发20年西部地区经济发展的成就、经验与转型 [J].陕西师范大学学报（哲学社会科学版），2019（4）：46-62.

[150] 沈山.区域经济学理论体系的构建 [J].徐州师范大学学报（自然科学版），2000（3）：62-65.

[151]《十一届三中全会以来历次党代会、中央全会报告 公报 决议 决定》编写组.十一届三中全会以来历次党代会、中央全会报告 公报 决议 决定（上册）[M].北京：中国方正出版社，2008.

[152] 宋栋.区域经济研究的几个理论问题 [J].地域研究与开发，1998（2）：9-13+49.

[153] 宋学明.中国区域经济发展及其收敛性 [J].经济研究，1996（9）：38-44.

[154] 孙久文，年猛.中国国土开发空间格局的演变研究 [J].东岳论坛，2011（11）：8-14.

[155] 孙久文.中国区域经济发展报告：新时代区域协调发展的理论与实践（2017）[M].北京：中国人民大学出版社，2018.

[156] 孙学文.经济特区—沿海开放城市—沿海经济开发区—先富起来的对外开放前沿地带 [J].党史文汇，1999（8）：2-6.

[157] 唐文睿.中国区域经济战略的政治分析 [M].北京：社会科学文献出版社，2011.

[158] 陶文达.中国社会主义经济发展概论 [M].沈阳：辽宁人民出版社，1991.

[159] 王成勇.基于产业集群的区域经济发展战略 [M].北京：中国社会科学出版社，2011.

［160］王佳．我国区域经济发展战略的历史演变与现实选择［D］．长春：吉林大学，2008．

［161］王绍光，胡鞍钢．中国：不平衡发展的政治经济学［M］．北京：中国计划出版社，1999．

［162］王云翠．20 世纪 70 年代中美日三角关系的互动态势［J］．学理论，2015（2）：132-133．

［163］魏达志．递进中的崛起：中国区域经济发展考察（1979—2009）［M］．上海：东方出版社，2010．

［164］魏后凯．对推进形成主体功能区的冷思考［J］．中国发展观察，2007（3）：28-30．

［165］魏后凯．改革开放 30 年中国区域经济的变迁——从不平衡发展到相对均衡发展［J］．经济学动态，2008（5）：9-16．

［166］魏后凯，高春亮．中国区域协调发展态势与政策调整思路［J］．河南社会科学，2012（1）：73-81．

［167］魏后凯．加入 WTO 后中国区域经济发展的新趋势［J］．经济学动态，2002（6）：50-53．

［168］魏后凯．论我国区际收入差异的变动格局［J］．经济研究，1992（4）：61-65+55．

［169］魏后凯．区域经济发展的新格局［M］．昆明：云南人民出版社，1995．

［170］魏后凯．"十一五"时期中国区域政策的调整方向［J］．学习与探索．2006（1）：15-23+276．

［171］魏后凯．外商直接投资对中国区域经济增长的影响［J］．经济研究，2002（4）：19-26．

［172］魏后凯．我国宏观区域发展理论评价［J］．中国工业经济，1990（1）：76-80+63．

［173］魏后凯，邬晓霞．"十二五"时期中国区域政策的基本框架［J］．经济与管理研究，2010（12）：30-48．

［174］魏后凯，邬晓霞．我国区域政策的科学基础与基本导向［J］．经济学动态，2010（2）：57-61.

［175］魏后凯．现代区域经济学［M］．北京：经济管理出版社，2011.

［176］魏后凯．新中国60年区域发展思潮的变革与展望［J］．河南社会科学．2009（4）：8-11.

［177］魏后凯．中国区域经济发展态势与政策走向［J］．中国发展观察，2010（5）：23-26.

［178］魏后凯．中国区域政策：评价与展望［M］．北京：经济管理出版社，2011.

［179］闻汇．18个自由贸易试验区形成开放发展新"雁阵"［J］．党史文汇，2019（9）：46.

［180］闻璋．西部大开发投资总额已达6.85万亿元［J］．中国招标，2018（1）：16-17.

［181］吴爱芝，杨开忠，李国平．中国区域经济差异变动的研究综述［J］．经济地理，2011（5）：705-711.

［182］吴承明，董志凯．中华人民共和国经济史（1949—1952）［M］．北京：社会科学文献出版社，2010.

［183］吴大琨．展望一九七九年的美国经济［J］．经济导报，1979（01-02）：68.

［184］吴江．建国以来区域经济发展的历史与经验研讨会概述［J］．经济学动态，2000（11）：41-42.

［185］习近平．论坚持全面深化改革［M］．北京：中央文献出版社，2018.

［186］习近平．论坚持推动构建人类命运共同体［M］．北京：中央文献出版社，2018.

［187］习近平．推动形成优势互补高质量发展的区域经济布局［J］．实践（思想理论版），2020（1）：4-7.

［188］习近平．习近平金砖国家领导人厦门会晤重要讲话（汉英对照）

[M]. 北京：外文出版社，2018.

[189] 夏永祥. 中国区域经济关系研究 [M]. 兰州：甘肃人民出版社，1998.

[190] 夏永祥. 论我国东西部地区间的均衡与非均衡发展选择 [J]. 经济科学，1992（2）：9-12.

[191] 夏禹龙，刘吉，冯之浚，等. 梯度理论和区域经济 [J]. 科学学与科学技术管理，1983（2）：5-6.

[192] 肖红叶. 中国区域竞争力发展报告（1985—2004）[M]. 北京：中国统计出版社，2004.

[193] 徐炳文. 试论我国东西地区应采取"一个半重点"的经济发展战略 [J]. 经济管理，1985（8）：13-14.

[194] 徐炳文. 中国区域经济发展战略体系研究 [J]. 管理世界，1993（4）：192-201.

[195] 徐炳文. 中国西北地区发展战略概论 [M]. 北京：经济管理出版社，1992.

[196] 徐梅. 当代西方区域经济理论评析 [J]. 经济评论，2002（3）：74-77.

[197] 徐绍史. 2015 国家西部开发报告 [M]. 杭州：浙江大学出版社，2015.

[198] 许徐琪. 中国脱贫攻坚的世界性意义 [N]. 经济日报，2020-04-15（11）.

[199] 许月卿，贾秀丽. 近 20 年来中国区域经济发展差异的测定与评价 [J]. 经济地理，2005（5）：600-603+628.

[200] 杨承训，阎恒. 论"弗"字形网络布局和沿黄—陇兰经济带 [J]. 开发研究，1990（4）：358-363.

[201] 杨开忠. 迈向空间一体化 [M]. 成都：四川人民出版社，1993.

[202] 杨开忠. 区域科学学科地位、体系和前沿 [J]. 地理科学，1999（4）：358-363.

[203] 杨秋宝. 宏观区域经济发展战略 50 年：从平衡发展到非均衡协调发展的转换 [J]. 中共中央党校学报，2000（2）：39-45.

[204] 杨树珍. 中国经济区划研究 [M]. 北京：中国展望出版社，1990.

[205] 杨伟民. 地区间收入差距变动的实证分析 [J]. 经济研究参考，1992（1）：70-74+34.

[206] 杨秀萍. 毛泽东、邓小平、江泽民区域经济发展战略比较研究 [D]. 上海：华东师范大学，2004.

[207] 杨颖，万来斌，冯占军，等. 论中部崛起战略的三大依据 [J]. 长江论坛，2007（2）：26-31.

[208] 杨振汉，冯邦彦，梁秩森. 珠江三角洲的崛起及其启示（上）[J]. 经济导报，1988（15）：6.

[209] 杨祖义. 20 世纪 90 年代中国区域经济发展的历史考察与基本经验 [J]. 当代中国史研究，2006（3）：50-59+126-127.

[210] 姚开建，陈勇勤. 改变中国：中国的十个"五年计划" [M]. 北京：中国经济出版社，2003.

[211] 袁恩桢. 非均衡发展——邓小平经济思想的一个特点 [J]. 社会科学，1994（1）：4-8.

[212] 曾坤生. 论区域经济动态协调发展 [J]. 中国软科学，2000（4）：120-125.

[213] 曾培炎. 西部大开发决策回顾 [M]. 北京：中共党史出版社，2010.

[214] 张敦富. 区域经济学原理 [M]. 北京：中国轻工业出版社，1999.

[215] 张军扩，侯永志. 中国区域政策与区域发展 [M]. 北京：中国发展出版社，2010.

[216] 张可，栾贵勤，王海龙. 中部地区区域经济差异实证分析 [J]. 经济问题探索，2009（7）：13-18.

[217] 张莉. 我国区域经济发展战略研究的回顾与展望 [J]. 地理与地

理信息科学，1999（4）：1-7.

［218］张莉．中国经济区研究述评［J］．地理学与国土研究，2001（2）：39-45.

［219］张伦．我国对外开放的"目"字形格局［J］．开发研究，1992（3）：11-14.

［220］张培刚．"牛肚子"理论［J］．决策，2005（1）：22.

［221］张锐．收入差距：费解的经济难题［J］．上海经济研究，1996（3）：34-36.

［222］张燕，魏后凯．中国区域协调发展的U型转变及稳定性分析［J］．江海学刊，2012（2）：78-85+238.

［223］赵公卿，汪同三，魏建国．中国经济西进［M］．北京：社会科学文献出版社，2001.

［224］赵弘．中国区域经济发展报告（2018—2019）［M］．北京：社会科学文献出版社，2019.

［225］赵凌云．1979—1991年间中国区域经济格局变化、原因及其效应［J］．中国经济史研究，2001（2）：66-81.

［226］赵凌云．1957—1988年中国经济增长格局的历史剖析［J］．中国经济史研究，1992（3）：11-23.

［227］赵凌云．十一届三中全会以来中国经济增长格局的历史剖析［J］．中南财经大学学报，1989（1）：9-18.

［228］赵凌云，向新．1979—2001年中国经济增长格局的历史剖析［J］．中国经济史研究，2005（1）：123-132.

［229］郑长德．中国西部民族地区的经济发展［M］．北京：科学出版社，2009.

［230］中共中央文献编辑委员会．江泽民文选（第二卷）［M］．北京：人民出版社，2006.

［231］中共中央文献编辑委员会．江泽民文选（第三卷）［M］．北京：人民出版社，2006.

［232］中共中央文献编辑委员会．江泽民文选（第一卷）［M］．北京：

人民出版社，2006.

[233] 中共中央文献研究室．建国以来重要文献选编（第二册）[G].
北京：中央文献出版社，1992.

[234] 中共中央文献研究室．建国以来重要文献选编（第三册）[G].
北京：中央文献出版社，1992.

[235] 中共中央文献研究室．建国以来重要文献选编（第一册）[G].
北京：中央文献出版社，1992.

[236] 中共中央文献研究室．三中全会以来重要文献选编（上）[G].
北京：人民出版社，1982.

[237] 中共中央文献研究室．三中全会以来重要文献选编（上册）[G].
北京：中央文献出版社，2011.

[238] 中共中央文献研究室．三中全会以来重要文献选编（下）[G].
北京：人民出版社，1982.

[239] 中共中央文献研究室．十八大以来重要文献选编（上册）[G].
北京：中央文献出版社，2014.

[240] 中共中央文献研究室．十八大以来重要文献选编（下册）[G].
北京：中央文献出版社，2018.

[241] 中共中央文献研究室．十八大以来重要文献选编（中册）[G].
北京：中央文献出版社，2016.

[242] 中共中央文献研究室．十二大以来重要文献选编（上）[G]．北
京：人民出版社，1988.

[243] 中共中央文献研究室．十二大以来重要文献选编（下）[G]．北
京：人民出版社，1988.

[244] 中共中央文献研究室．十二大以来重要文献选编（中）[G]．北
京：人民出版社，1988.

[245] 中共中央文献研究室．十九大以来重要文献选编（上册）[G].
北京：中央文献出版社，2019.

[246] 中共中央文献研究室．十六大以来重要文献选编（上册）[G].
北京：中央文献出版社，2005.

［247］中共中央文献研究室．十六大以来重要文献选编（下册）［G］．北京：中央文献出版社，2008.

［248］中共中央文献研究室．十六大以来重要文献选编（中册）［G］．北京：中央文献出版社，2006.

［249］中共中央文献研究室．十七大以来重要文献选编（上册）［G］．北京：中央文献出版社，2009.

［250］中共中央文献研究室．十七大以来重要文献选编（下册）［G］．北京：中央文献出版社，2013.

［251］中共中央文献研究室．十七大以来重要文献选编（中册）［G］．北京：中央文献出版社，2011.

［252］中共中央文献研究室．十三大以来重要文献选编（上）［G］．北京：人民出版社，1991.

［253］中共中央文献研究室．十三大以来重要文献选编（下）［G］．北京：人民出版社，1991.

［254］中共中央文献研究室．十三大以来重要文献选编（中）［G］．北京：人民出版社，1991.

［255］中共中央文献研究室．十四大以来重要文献选编（上册）［G］．北京：人民出版社，1996.

［256］中共中央文献研究室．十四大以来重要文献选编（下册）［G］．北京：人民出版社，1999.

［257］中共中央文献研究室．十四大以来重要文献选编（中册）［G］．北京：人民出版社，1997.

［258］中共中央文献研究室．十五大以来重要文献选编（上册）［G］．北京：人民出版社，2000.

［259］中共中央文献研究室．十五大以来重要文献选编（下册）［G］．北京：人民出版社，2003.

［260］中共中央文献研究室．十五大以来重要文献选编（中册）［G］．北京：人民出版社，2001.

［261］中共中央文献研究室．中共十三届四中全会以来历次全国代表大

会中央全会重要文献选编［G］.北京：中央文献出版社，2002.

［262］中共中央.中共中央关于制定国民经济和社会发展十年规划和"八五"计划的建议［M］.北京：人民出版社，1991.

［263］中共中央.中华人民共和国国民经济和社会发展第十三个五年规划纲要［M］.北京：人民出版社，2016.

［264］中国城市经济社会发展研究会，中国行政管理协会.中国城市经济社会年鉴［M］.北京：中国城市年鉴社，1993.

［265］中国共产党第十七届中央委员会第五次全体会议文件汇编［G］.北京：人民出版社，2010.

［266］中国国际经济交流中心.中国经济分析与展望（2014—2015）［M］.北京：社会科学文献出版社，2015.

［267］《中国经济发展史》编写组.中国经济发展史（1949—2010）第一卷［M］.上海：上海财经大学出版社，2014.

［268］中国经济年鉴编辑委员会.中国经济年鉴1983［M］.北京：经济管理杂志社，1983.

［269］中国社会科学院城市发展与环境研究所.西部大开发"十二五"规划及到2020年中长期发展思路研究［R］.2009.

［270］中国社会科学院工业经济研究所.十一届三中全会以来经济政策文献选编［G］.北京：中国经济出版社，1986.

［271］中华人民共和国计划委员会.中华人民共和国发展国民经济的第一个五年计划（1953—1957)［M］.北京：人民出版社，1955.

［272］周立群，王静，秦静，等.中国区域经济新版图［M］.南京：江苏人民出版社，2017.

［273］周起业.区域经济学［M］.北京：中国人民大学出版社，1989.

［274］周叔莲，魏后凯.21世纪我国区域经济开发战略［J］.经济研究参考，2000（2）：2-9.

索 引

后 记

从博士后开题报告书着手，到"广西高等学校千名中青年骨干教师培育计划"人文社会科学类立项课题（第二期）：中国区域经济发展战略的演变（1949—2019年）（项目编号：2020QGRW033）立项，历经6年，终于定稿，如释重负。回想起这六年来的点点滴滴，感慨万分，感激不已，特此致谢。

感谢恩师吴大华教授，六年来对我言传身教，激励我前行。

感谢恩师陈耀教授，引领我踏入区域经济学门槛，悉心教导我从事应用经济学领域的相关研究工作。

感谢胡晓登研究员在博士后开题报告会、中期检查报告会和出站答辩会上对我的指点、帮助和肯定。

感谢邹进文教授为我提供访学的机会，让我能够在中南财经政法大学图书馆获取丰富的文献资料。

感谢贵州省社会科学院博士后科研工作站和中国社会科学院工业经济研究所博士后流动站给我提供这么好的科研工作平台，让我受益匪浅。感谢贵州省社会科学院谢松、朱玙涵等工作人员为本书的创作和出版提供帮助。

感谢给予转载和引用权的资料、文献、研究思想和设想的所有者。

感谢王延中研究员和黄勇研究员在博士后出站答辩会上对我的高度肯定和高水平指点。

特别感谢贵州省社会科学院博士后科研工作站对本书出版的大力资助。

特别感谢经济管理出版社的编辑老师在审稿、校稿和改稿过程中对本书出版做出的贡献。

感谢所有给过我帮助的良师益友们。

段　艳

2021 年 3 月 4 日

责任编辑:吴继平
装帧设计:周方亚

图书在版编目(CIP)数据

建设马克思主义学习型政党研究/何祥林 等 著.
 -北京:人民出版社,2015.12
ISBN 978－7－01－015139－7

Ⅰ.①建… Ⅱ.①何… Ⅲ.①中国共产党-党的建设-研究 Ⅳ.①D26

中国版本图书馆 CIP 数据核字(2015)第 184501 号

建设马克思主义学习型政党研究
JIANSHE MAKESIZHUYI XUEXI XING ZHENGDANG YANJIU

何祥林 等 著

人民出版社 出版发行
(100706 北京市东城区隆福寺街99号)

北京汇林印务有限公司印刷 新华书店经销

2015 年 12 月第 1 版 2015 年 12 月北京第 1 次印刷
开本:710 毫米×1000 毫米 1/16 印张:26.25
字数:350 千字 印数:0,001-3,000 册

ISBN 978－7－01－015139－7 定价:58.00 元

邮购地址 100706 北京市东城区隆福寺街 99 号
人民东方图书销售中心 电话 (010)65250042 65289539